진심의 힘

진심의 힘

초판 1쇄 발행 2016년 6월 17일
개정판 1쇄 발행 2019년 3월 27일

지은이 이석원
펴낸이 조자경
펴낸곳 도서출판 블루페가수스

책임편집 최서윤
디자인 데시그 이승은
마케팅 천정한
경영지원 이진희

출판등록 2017년 11월 23일(제2017-000140호)
주소 07327 서울시 영등포구 여의나루로71 동화빌딩 1607호
전화 02)780-1222 **주문팩스** 02)6008-5346 **이메일** hanna126@hanmail.net

ⓒ 2019 이석원

ISBN 979-11-89830-01-4 03320

THE POWER OF SINCERITY

진심의 힘

진심영업 멘토의
고객 마음을 얻는
5가지 실전 전략

이석원 지음

블루페가수스

철학과 진심이 있는 영업만이
고객의 마음을 움직인다!

"돈으로 살 수 있는 것들에 대해 걱정하지 마세요. 돈으로 살 수 없는 것들을 걱정하세요." 몇 년 전 도산대로를 지나다가 우연히 빌딩 외관에 붙은 이 글귀를 보았다. 부자는 아니더라도 돈 걱정 없이 살아보고 싶은 소망을 우리 누구나 갖고 있다. 돈이 삶의 절대적 가치는 아닐지라도 중요한 목표 중 하나일 수는 있다.

돈으로 살 수 없는
더 가치로운 것

"돈으로 살 수 없는 것을 걱정하라"는 말은 참으로 아이러니한 조언이다. 하지만 무슨 이유에선지 이 말이 나의 뇌리에 박혀 오랫동안

곱씹게 되었다. 나는 그 누구보다 돈의 중요성을 잘 알고 있으며, 지금은 돈보다 더 소중한 것이 무엇인지도 안다.

첫 보험영업에 나서던 날, 내 호주머니 속에는 4,000원이 전부였다. 점심을 먹으면 영업하러 나갈 차비가 없었다. 영업활동비가 없으니 친구를 만날 때도 식사시간을 피해 약속을 잡고는 근처 성당에서 물로 배를 채우곤 했다. 당시 나에게 돈은 무언가를 살 수 있는 수단이 아닌 하루의 생계가 걸린 너무도 절박한 것이었다.

그렇게 벼랑 끝에 서 있는 심정으로 영업을 해서였을까. 나는 숱한 좌절과 시행착오를 거치면서도 쉽게 포기하지 않았다. 아니 포기할 수 없었다. 나에게는 가장으로서의 책임과 나를 믿고 계약해준 고객들과 지켜야 할 약속이 있었다. 그것은 '어떻게 살아가야 할 것인가'라는 내 인생의 답을 찾아가는 과정이기도 하다. 결코 돈으로 살 수 없는 가치인 것이다.

경기도 군포에서 삼형제 중 둘째로 태어난 나는, 아버지 직장 때문에 한동안 군산에서 살았는데 유치원 졸업 무렵까지는 꽤 유복했다. 하지만 아버지가 직장을 정리하고 수원으로 이사한 후 모든 재산을 투자해 운수업을 시작하면서 가세는 기울어갔다. 함께 일하던 기사가 어린아이를 치어 큰 장애를 입혔고 아버지는 모든 재산을 보상금으로 지급해야만 했다.

우리 가족의 시련은 그때부터 시작되었다. 아버지는 가족의 생계를 위해 막노동도 마다하지 않으셨고 어머니는 통닭 장사를 하셨다.

어머니의 가게에 딸린 방 한 칸에서 삼형제가 함께 동고동락하던 그 시절에도 나는 가난한 삶을 원망하거나 비관하지 않았다. 가족을 위해 단 하루도 제대로 쉬지 못하고 불철주야 일하면서도 힘든 내색을 하지 않으셨던 부모님. 그런 부모님의 모습을 지켜보면서 어떤 역경이 와도 정직하게 최선을 다하는 것, 그것이 바로 삶이라는 걸 은연중에 배울 수 있었다.

그 덕분에 나는 사격 선수로서의 꿈을 포기해야 했던 순간도, 보험영업의 길에 들어서서 마주했던 쓰디쓴 고통의 순간도 묵묵히 감내할 수 있었다. 그래서 늘 부모님께 감사한 마음으로 살고 있으며, 나 역시 우리 아이들에게 삶이란 무엇인지를 몸소 보여주는 아버지가 되리라 다짐해왔다.

보험영업 인생 15주년, 새롭게 시작하는 인생 2막

보험영업자로 살아온 15년, 그 과정에서 숱하게 많은 성공과 실패가 있었고 치열했던 만큼 깊은 깨달음이 있었다. 새로운 도전 앞에서는 기대감만큼이나 불안감도 컸지만, 그것은 나를 성장시키는 동력이 되어주었다.

보험영업은 내 인생의 시련에 찾아온 우연한 일이었지만, 나에게 천직이 무엇인지 알게 해주었다. 15년이라는 시간을 통해 겪은 시행착오 속에서 '철학과 진심'이 있는 영업만이 고객의 마음을 움직인다는 진리를 얻었다. 언변, 인맥, 기술로 물건을 파는 사람은 평범한 영업자지만, 고객의 마음과 꿈까지 들여다보는 사람은 탁월한 영업자다. 그 깨달음의 과정을, 거기서 얻은 가장 핵심적인 나만의 전략과 노하우를 동료들과 함께 나누고 싶다.

나처럼 절박한 심정으로 영업을 시작한 이들, 다음 스텝으로 도약을 꿈꾸는 이들, 퇴직 후 새로운 인생의 도전 앞에 선 이들을 위해 이 책을 썼다. 무엇보다 이 책을 통해 보험영업 일을 하면서 느끼는 남다른 보람과 보험의 가치를 공유하고 싶다.

인디언 속담 중에 "빨리 가려면 혼자 가고 멀리 가려면 함께 가라"는 말이 있다. 각자도생의 시대라고 하지만, 나는 공존 공생의 힘을 믿는다. 우리는 각기 다른 인생의 목표를 갖고 있으며, 누가 먼저 그 목표에 도달할지는 알 수 없다. 하지만 어떤 길이든 함께 걸어가면 힘이 되어주고 더 멀리 갈 수 있으리라 믿는다. 나의 이야기가 보험영업인 그리고 다양한 분야에서 열심히 일하고 있는 분들에게 위로와 용기가 되길 바란다.

사랑하는 가족들에게 고맙고 사랑한다는 말을 꼭 전하고 싶다. 이 책을 통해 가족에게 든든한 가장이 되고, 동료와 고객들에게 부끄럽지 않은 삶을 살아야겠다고 다시 한 번 다짐을 해본다.

2019년 3월
이석원

〈중용〉에서 배우는 진심의 태도

작은 일도 무시하지 않고

최선을 다해야 한다.

작은 일에도 최선을 다하면

정성스럽게 된다.

정성스럽게 되면

겉에 배어 나오고

겉에 배어 나오면

겉으로 드러나고

겉으로 드러나면

이내 밝아지고

밝아지면

남을 감동시키고

남을 감동시키면

이내 변하게 되고

변하면 생육된다.

그러니 오직 세상에서

지극히 정성을 다하는

사람만이

나와 세상을 변하게 할 수

있는 것이다.

THE POWER OF SINCERITY

| 차례 |

CHAPTER 01
나는 보험에서 인생을 배웠다

💬 처음부터 순조롭게 진행되는 일은 없다. 우리의 꿈이 가치 있는 것은 그것을 이루는 과정 자체가 결코 쉽지 않기 때문인지도 모른다. 넘어지면 일어나고 장애물이 있으면 돌아가면 된다는 인생의 지혜를, 나는 보험에서 배웠다.

이석원의 원포인트 레슨 ①
성공적인 개척영업을 위해 지켜야 할 10계명

CHAPTER 02
어떻게 나만의 고객을 만들 수 있나

💬 "고객들에게 어떤 가치를 추가로 제공해줌으로써 그들의 기대 이상으로 서비스한다." 나는 이 말을 영업자로서 갖추어야 할 태도로 삼고 있다. 눈앞의 이익에 급급해 욕심이 앞서거나 초심을 잃을 때면 이 말을 떠올린다. 고객에게 좋은 것이 나에게도 좋은 것이다. 더 멀리 가기 위해서는 고객과 함께 가야 한다.

이석원의 원포인트 레슨 ②
화재보험영업을 할 때 알아야 할 10계명

CHAPTER 03
한번 맺은 인연, 평생 이어가는 비결

💬 고객을 상품 하나 팔면 그만인 대상으로 여겨서는 절대 성공하는 보험영업자가 될 수 없다. 우리가 하는 일은 사람을 위한 일이며, 사람이 하는 일이다. 고객 입장에서 생각하고 늘 진심으로 대하라. 그러면 고객 역시 나를 진심으로 대한다.

CHAPTER 04

보험영업을 천직으로 만드는 목표 세우기

💬 무슨 일을 하든 가장 힘든 건 나와의 싸움이다. 앞으로 나아가게 하는 것도 퇴보
시키는 것도 모두 나다. 최고의 자리, 1등이라는 목표에만 집중하면 일에 대한 열
정은 사그라들게 마련이다. 중요한 것은 자기 일에 대한 가치, 본질적 열정을 놓
치지 않는 것이다. 보험왕이라는 타이틀은 스스로 업에 헌신할 때 찾아온다.

CHAPTER 05

성공하는 보험영업자의 자기관리법

💬 선배들의 모습을 보면서 승승장구하는 영업자, 도태되어가는 영업자의 차이가 태
도와 자기관리에 있음을 알았다. 그러기에 롤모델이 되어줄 선배, 지혜를 나눠
줄 멘토는 반드시 필요하다. 그들은 나의 성장에 더없이 소중한 존재다.

이석원의 원포인트 레슨 ⑤
성공하는 보험영업자가 되기 위해 지켜야 할 10계명

CHAPTER 01 나는 보험에서
인생을 배웠다

처음부터 순조롭게 진행되는 일은 없다.

우리의 꿈이 가치 있는 것은 그것을 이루는

과정 자체가 결코 쉽지 않기 때문인지도 모른다.

넘어지면 일어나고 장애물이 있으면 돌아가면 된다는

인생의 지혜를, 나는 보험에서 배웠다.

THE POWER OF
SINCERITY

CHAPTER 01

시련과 역경이 맺어준
아주 특별한 인연

대전체고를 졸업할 무렵, 나는 경희대학교에 입학하고 싶었다. 타지에서 고등학교를 다니다 보니 집밥이 간절했고 무엇보다 어머니 그늘이 그리웠다. 각종 대회에서 수상을 했던 내게 경희대 입학은 따놓은 당상이었다.

그런데 한 가지 고민거리가 있었다. 당시 같은 학교 친구들 중에 메달이 없는 친구들도 있었는데, 만일 내가 한국체대에 입학하면 그 친구들과 함께 진학해서 운동을 할 수 있다는 것이었다. 나의 고민은 깊어져갔다.

아쉬운 마음이 들었지만 그간 쌓인 감독님과의 정, 그리고 친구들과의 의리를 뿌리칠 수 없었다. 나는 한국체대에 입학하기로 결정하고 학교 동계훈련에도 참가했다. 그런데 이상하게도 내 학교라는 생각이 들지 않았다. 동계훈련 내내 마음을 붙여보려고 애썼지만 도무지 정이 들지 않아 결국 나는 입학하지 않았다. 대신 1년 뒤 내가 가고 싶은 대학에 가겠노라고 마음을 먹고 혼자서 훈련을 하기 시작했다. 하지만 인생은 도무지 어디로 튈지 모르는 럭비공마냥 예기치 않은 방향으로 흘러갔다.

시련에서 기회를 찾는 방법을 배우다

대학 진학 대신 군 입대를 결정한 나는 강원도 인제군 2사단 62포병 부대에서 운전병으로 근무하게 되었다. 제대 후엔 뭔가 제대로 된 나의 길을 찾아가리라 마음먹었다. 하지만 정작 제대하고 나서는 아무런 목표도 꿈도 없이 그야말로 백수처럼 지냈다. 그러다가 분식집에서 철가방을 들고 배달일도 해보았고 막노동판을 전전하기도 했다. 운동이 다시 하고 싶어져서 도전을 하기도 했지만 시합 결과는 좋지 않았다. 그렇게 무기력한 일상이 반복되던 어느 날, 불현듯 이렇게 지내다간 평생 일다운 일을 못해보겠다는 불안감이 엄습했다. 제대로 된 일을 찾아나서야겠다는 절박함이 생겼다.

그 후 일자리를 알아보다가 삼성코닝에서 기회를 찾았다. 당시 삼성코닝은 소사장제도를 도입해서 퇴직자들에게 영업라인을 나눠주었는데, 마침 퇴직 예정자인 외삼촌도 그 혜택을 보게 되었다. 삼촌은 나를 '삼덕산업 관리자'로 뽑아주셨고 나는 그곳에서 현장 관리자로 직장생활을 시작했다. 그 일은 뜻밖에 내 적성에 잘 맞았다. 직장생활은 자리를 잡아갔고 제법 안정적인 생활을 하게 되었다. 고등학교 졸업 후 방황하고 좌절했던 시간들의 보상 같다는 생각이 들었다. 그런데 그 평온함도 잠시, 또다시 내 인생에 변화가 찾아왔다. 어머니가 다단계 영업을 시작하신 것이다.

어머니는 선불식 콜링카드 다단계회사인 다이너스티에서 다단계 영업을 하셨다. 당시 다단계에 선입견이 있던 나는 '다단계'라는 말만 듣고 어머니를 극구 말렸다. 하지만 어머니는 오히려 섭섭해하셨다.

"왜 아들 셋이 하나같이 무작정 반대만 하려고 드는 거니? 이게 뭔지, 내 이야기를 제대로 들어보지도 않고 왜 안 된다고만 하는 거야?"

안 그래도 어려운 형편에 나이 드신 어머니가 고생만 하고 돈까지 떼이는 건 아닐까 걱정이 되어 삼형제가 모두 반대했지만, 어머니는 뜻을 굽히지 않으셨다. 하는 수 없이 내가 그 회사에 대해 좀더 자세히 알아보기로 했다. 짬나는 시간에 회사로 찾아가 정보를 수집했고 강연도 서너 번 들었다.

그러던 중 국내 네트워크마케팅 1호 이두영 교수님을 찾아뵙게 되었다. 그 과정에서 희한하게도 네트워크마케팅을 한번 공부해봐야겠다는 욕심이 생겨났다. 곧바로 중앙대학교 사회개발대학원에서 주관

하는 네트워크마케팅 최고경영자과정 3기에 입학했다. 당시 수업 과목이었던 전자상거래, 직거래, 네트워크마케팅, 인간관계 등에서 배운 것들은 영업을 하는 지금 큰 밑천이 되고 있다. 대학원을 마친 후 나는 서울, 부산, 대구, 대전, 울산을 비롯해 안양, 목포, 광주, 군산, 서산까지 전국을 다니며 네트워크마케팅 강의도 수차례 했다. 이 또한 보험영업을 하는 데 큰 힘이 되었다.

인생의 역경에서 만난
보험이라는 기회

직장생활 6년차가 되자 연봉도 웬만큼은 됐고 네트워크마케팅을 통해 부가수입도 올릴 수 있었다. 집안의 가장으로서 제 역할을 톡톡히 해내며 안정적인 삶을 살 수 있게 된 것에 감사해하던 어느 날, 집안에 또 한 차례의 역경이 닥쳐왔다. 아버지가 운영하시던 사업이 누적된 적자를 견디지 못하고 부도가 난 것이다. 사실 적자는 어제오늘의 일이 아니었지만, 신규 고객을 만들면 다시 일어설 수 있을 거라는 희망으로 버텨왔었다. 그 과정에서 어쩔 수 없이 영업비를 지출하게 되었고 그 돈은 결국 빚으로 쌓였다.

그 빚을 갚기 위해 당시 신혼이었던 형은 자신의 집을 팔았고, 나는 6년간 모아놓은 돈과 은행 대출까지 받아 빚 갚는 데 8,000만 원을 써야 했다. 형과 나 그리고 동생 모두 졸지에 채무자 신세가 되었고, 약속한 날짜에 빚을 갚지 못해 결국 월급도 압류당하고 말았다. 막다른 상황에서 나는 6년간 다니던 회사를 그만두었다.

그 후 2개월 동안은 백수로 지냈다. 다시 취직하려고 해도 급여 압류 때문에 선뜻 나설 수가 없었다. 방황의 시간은 길어졌고 시름은 깊어만 갔다. 그렇게 이런저런 고민의 시간을 보내던 중 주변 사람들에게서 '영업'을 해보라는 권유를 많이 받았다. 처음에는 긴가민가했지만 곰곰이 생각해보니 영업은 할 수 있을 것 같았다. 나는 네트워크마케팅에서 배운 이론을 활용해 새 일을 모색하기 시작했다. 뭐든 배워두면 언젠가는 쓸모가 있다는 것을 다시 한 번 깨달았다.

나는 여러 가지 영업 일을 구상해봤다. 첫 번째로 자동차 세일즈를 생각했는데, 당장 돈을 벌어야 하는 내게는 적당하지 않았다. 차 구입 주기가 최소 5년이라는 점이 걸림돌이었다. 프로 영업맨으로 인정받기 위해서는 내 고객이 3,000명은 되어야 하고 그 고객들이 재구매하면서 매출이 유지되어야 하는데, 그런 패턴을 만들려면 시간이 너무 오래 걸리는 게 문제였다. 제약회사 세일즈도 고려해봤는데 역시 지속적인 수입처로는 적당하지 않았다. 병원과 약국을 상대로 영업해서 계약을 따내면 한 번의 성과급을 받고 일회성으로 끝나기 때문이다. 아동전집 세일즈에 대해서도 알아보았으나 소심한 총각이었던 내가 주부들을 상대로 하는 영업을 잘해낼 자신이 없었다.

그러던 와중에 보험영업에 대해 알게 되었다. 당시는 생명보험의 인기가 하늘 높은 줄 모르고 치솟던 시절이었고, 웬만한 설계사들도 1억 원 이상의 연봉을 받고 있었다. 그래서 보험에 대해 좀더 자세히 알아보기 위해 지인들 소개로 전문가들을 만났다. 그런데 생명보험 전문가들은 생명보험을, 손해보험 전문가들은 손해보험을 권했다. 결국 그것들의 장단점을 내가 직접 알아내는 수밖에 없었다.

그러다가 생명보험은 인보험과 연금밖에 없는 반면, 손해보험은 인보험과 자동차보험뿐 아니라 화재보험과 선박보험까지 그 영역이 무궁무진하다는 것을 알게 되었다. 우선 나를 기준으로 생각해봤다. 차를 갖고 있는 사람은 누구나 의무적으로 자동차보험은 들어야 하고, 1년에 한 번은 갱신해야 한다는 생각이 떠올랐다. "이거다" 싶었다.

얼마 안 돼서 바로 삼성화재에 지원했다. 한 달 정도 공부한 후 손해보험대리점 자격시험에도 합격했다. 그 후 전속대리점 계약을 통해 삼성화재에 입사했다. 입사 초반에는 출근 후 영업에 대한 스킬과 상품의 판매 프로세스에 대해 교육받았다. 이 교육은 보통 10시 반이면 끝나는데 이때가 되면 팀장들은 "얼른 나가"라며 등을 떠밀 듯 영업을 재촉했다.

하지만 영업도 돈이 있어야 나갈 수 있는 게 아닌가. 당시 내 주머니에는 기본적인 생활비는커녕 하루치의 용돈도 없었다. 내가 가진 거라고는 차비할 동전 몇 푼과 가스차 한 대가 전부였다.

사격에서 배운 인생의 신념
그리고 한계에의 도전

'과연 이 길이 내가 가야 할 길일까?'

'어디가 나의 임계점인가? 여기서 한 발 더 나아갈 수는 없는 걸까?'

영업에 나선 후 고비는 여러 번 찾아왔다. 번번이 좌절을 겪으며 자신감마저 잃어갈 때, 원하는 목표에 도달한 후 안일함에 젖어 새로운 돌파구를 찾지 못할 때… 그런 고비의 순간마다 사격을 하며 한계를 넘어섰던 경험을 떠올렸다.

사격을 처음 시작했을 때 나는 5킬로그램짜리 아령을 들고 채 10분도 서 있지 못했다. 하지만 쉽사리 포기할 내가 아니었다. 이를 악물고 버텨서 20분을 넘겼고, 또 죽을힘을 다해 견뎌서 30분을 버텨냈다. 그렇게 한계를 깨고 깬 결과, 한 시간 동안 같은 자세로 서 있을 수 있게 되었다. 당연히 조준은 점점 더 정확해졌고 점수도 어느새 목표치를 넘어섰다.

보험영업도 이와 다르지 않다. 어느 정도 자신감이 생겨 계약률이 일정 수준에 도달하면 성장세가 주춤한다. 그럴 때마다 나는 불가능하다고 여겼던 목표에 과감히 도전했다. 나의 한계를 깨면서 끊임없이 자신을 넘어서는 것이야말로 가장 소중한 도전이라 믿었기 때문이다.

나아가 사격을 통해 한계는 마음먹기에 따라 얼마든지 극복할 수 있다는 믿음을 갖게 되었다. 제한은 타인에 의한 것이지만 한계는 스스로 만드는 것임을 깨닫게 된 것이다.

운명처럼 끌렸던 사격과의 만남

중학교에 입학한 뒤 나의 첫 관심사는 학교 내 운동부였다. 당시 학교에는 태권도, 복싱, 사격부 등 다양한 운동부가 있었는데, 운동부원들이 함께 훈련하는 모습이 무척이나 멋있어 보였다. 아침 등굣길, 교문에 들어서면 제일 먼저 눈에 띄는 광경도 운동장에서 단체로 줄을 맞춰 뛰고 있는 운동부원들의 모습이었다.
한동안 교실에 들어갈 생각도 하지 않고 넋을 놓은 채 그 모습을 바라보곤 했다. 그들은 내게 동경의 대상이었다. 동경은 차츰 결심으로 굳어졌고 실행하기로 했다. 운동부에 들어가고 싶다는 이야기를 어머니에게 제일 먼저 말했다.

"엄마, 나 복싱부에 들어가서 운동하고 싶어."

"뭐? 너 지금 뭐라고 했어! 권투를 하겠다고? 얘가 지금 제정신이야! 하라는 공부는 안 하고 사람 때리고 다치게 하는 권투가 웬 말이야."

"엄마, 권투가 그렇게 위험하기만 한 운동이 아니야…."

"그 김득구인가 하는 권투선수 죽었다는 얘기도 못 들었어? 내 눈에 흙이 들어가기 전엔 절대 그건 안 된다."

며칠 동안 어머니에게 통사정을 해보았지만 상황은 달라지지 않았다. 어머니는 너무나 단호했다. 태권도라도 하게 해달라고 졸랐지만 허락할 리 없었다.

그 후 나는 고민 끝에 어머니에게 이야기하지 않은 채 사격부에 들어갔다. 어머니 몰래 1년간 사격을 배우고 훈련했다. 사격이 재밌기도 했지만, 예상 외로 실력이 빨리 는 덕분에 더욱 동기부여가 됐다. 그렇게 사격 배우는 재미에 빠져 있던 어느 날 감독님이 나를 부르셨다.

"석원아, 너 이번 시합에 한번 나가볼래?"

뜻밖의 제안에 가슴이 벅차올랐다. 나도 모르게 연신 싱글벙글하고 있었는데 감독님의 한마디가 나의 마음을 무겁게 했다.

"시합에 나가려면 부모님 허락이 필요하다. 어머니 모시고 와라."

드디어 올 것이 왔다. 그동안 어머니를 속이고 사격연습을 해왔는데 이제 와서 어떻게 말을 해야 할지 막막했다. 그날따라 집으로 가는 길이 더 멀게만 느껴졌다. 저녁밥을 먹고 난 후 나는 어머니에게 그동안 몰래 사격부에서 총을 쏘고 있었음을 털어놓았다. 어머니는 내게 이런저런 말씀을 하지 않으셨다. 대신 다음 날 곧바로 감독님을 찾아오셨다.

"우리 석원이는 절대 운동 안 시킬 겁니다. 감독님이 뭐라고 하셔도 그건 안 됩니다."

너무나 단호하게 반대하는 어머니를 보면서 나는 반쯤은 체념하고 있었다. 그런데 감독님은 포기하지 않고 끝까지 어머니를 설득하려고 애쓰셨다.

"어머님, 아들이 더 잘될 수 있는 길을 왜 막으세요? 석원이가 공부는 중간 정도예요. 그런데 사격만큼은 최고 선수로 성장할 가능성이 있습니다. 무엇보다 본인이 너무 좋아하고 열심히 합니다. 절 믿고 시키세요."

감독님의 말을 가만히 듣고 있던 어머니는 내게 조용히 물으셨다.

"석원아, 너 진짜 이거 꼭 하고 싶으냐?"

"네."

한동안 침묵이 흘렀다.

"그래, 그럼 한번 해봐라."

현실에 굴복하지 않는 한
한계란 없다

내가 치른 첫 시합은 경기도 대회. 나는 거기서 개인전 동메달과 단체전 은메달을 땄다. 그 후로도 크고 작은 대회에서 수상을 했고, 대전체고에 진학한 후에는 전국대회에서 개인 및 단체전 메달을 따는 쾌거를 이루기도 했다.

어머니의 반대를 무릅쓰고 하는 운동이었기에 더 열심히 했다. 무엇보다 사격이라는 운동의 매력에 점점 빠져들었다. 사격은 마음을 차분하게 가라앉혀주고 몸과 마음의 균형을 잡아주는 힘이 있는 운동으로 집중력과 몰입도가 무시무시하게 올라가는 매력이 있다.

그런 집중력과 몰입도를 위해서는 엄청난 체력이 필요하기도 하다. 유도나 레슬링 선수 못지않은 체력과 근력을 지녀야만 과녁을 향해 조준할 때 흔들림이 없다. 그래서 사격부의 훈련은 험난하고 고달프다. 심폐호흡을 증강시키고 하체의 중심을 튼튼하게 하고 정신을 무장하기 위해 날마다 새벽 산행을 했고, 5킬로그램짜리 아령을 총처럼 들고 서 있는 훈련도 했다.

당시 운동부는 위계질서가 무척이나 엄격하던 시절이라 선배들로부터 폭언을 듣는 건 일상이었고, 허드렛일이나 심부름을 하는 것도 당연한 일이었다. 운동부 생활은 그야말로 극기훈련에 가까웠다. 하지만 그 힘듦을 견뎌나가면서 내 몸과 정신은 강인하게 단련되어갔다. 어지간한 어려움은 묵묵히 견디고 헤쳐 나가는 내성도 생겼다.

사회생활을 하면서 위기와 어려움에 부딪힐 때마다 나는 '운동할 때의 나'를 생각하며 이렇게 되뇐다. '지금 힘든 건 아무것도 아니야. 분명히 이겨낼 수 있어.' 사격을 통해 내가 배운 것은 끊임없이 자신의 한계를 깨부수고 앞으로 나가는 것이었다.

보험영업자들은 연봉이 일정 수준에 도달하면 안일해지기도 한다. 당장 가진 것들에 안주하고 싶은 마음이 들기 때문이다. 하지만 내겐 그런 지점과 순간이 없었다. 안일함을 느낀다는 것은 더 큰 목표를 잡을 때가 되었다는 것이고, 한계는 어차피 뛰어넘으라고 있는 것이 아니던가. 임계점이 코앞인데 여기서 멈출 수는 없다며 끊임없이 스스로를 채근했다. 삼성화재에서 남자 컨설턴트로서는 전무후무한 기록인 5W(1주일에 신규 계약 50만 원 이상) 167주 연속 달성은 그렇게 이루어진 것이다.

CHAPTER 01

호주머니에 달랑 4천 원 있던 날,
첫 영업에 나서다

첫 영업에 나서던 날, 내 호주머니에는 달랑 4,000원이 있었다. 점심 때가 되면 밥을 먹을까 자동차 가스값을 낼까 고민해야 했다. 점심을 사먹으면 차를 몰 수 없었고, 차를 타려면 밥을 먹을 수 없는 상황이었다. 그러나 사람을 만나 영업을 하려면 밥을 먹고, 계산은 내가 해야 한다. 그래서 내가 선택한 영업방법은 식사시간을 피해 미팅시간을 잡는 것이었다.

그런데 직장에 다니는 친구들에게 찾아가겠다고 하면 무조건 "점심 때 와" 하기 일쑤다. 그때마다 선의의 거짓말을 해야 했다. "점심은 그 근처에서 선약이 있어. 밥은 다음에 먹고 이번에는 2시쯤 갈 테니 차나 한잔하자"라고 했다. 천주교 신자인 나는 약속장소에 일찌감치

가서 근처에 있는 성당에 가곤 했다. 성당에서 배가 터질 듯이 생수를 마셨다.

그렇게 첫 달이 지났고, 월급으로 받은 돈은 110만 원이었다. 하지만 3개월 동안 밀린 핸드폰 요금, 각종 공과금, 이자 등을 내고 나니 수중에는 한 푼도 남지 않았다. 그때 뼈저리게 깨달았다. 돈이 얼마나 소중한 것인지 말이다. 직장 다닐 때 허투루 쓰고 다녔던 술값, 택시비 등이 얼마나 아깝게 느껴졌는지 모른다. 한 치 앞을 모른 채 안일하게 살던 그 시절을 정말 피눈물 흘리며 후회했다.

그때 나 스스로에게 굳은 다짐을 했다.

'악착같이 벌자. 다시는 돈 때문에 서러워하지 말고 돈 때문에 기죽지 말자. 돈 때문에 거짓말하지도 말고, 돈 때문에 가족을 굶주리게 하거나 추위에 떨게 하지 말자.'

영업 초짜,
가족을 대상으로 한 영업 연습

본격적인 영업에 나서려면 영업 대상자부터 물색해야 한다. 당시 팀장은 가족과 지인을 통틀어 보험영업 대상자 0순위부터 3순위까지 정리하라고 했다. 나는 우선순위대로 사람들을 찾아다니기 시작했다. 이른바 절친, 한솥밥을 먹던 친구들이었다.

내가 보험영업을 한다는 말만 꺼내도 그들이 곧장 하나씩은 계약해주리라 철석같이 믿었다. 그런데 현실은 내 마음 같지 않았다. "벌써 엄마가 여기저기 다 들어놨어.""지금은 여윳돈이 없다.""당장 이번 달 카드값도 없어서 대출을 받아야 할 형편이야.""그냥 술이나 한잔 하자."

지인들은 각기 다른 이유로 거절했다. 보험영업 초짜였던 나는 지인들의 거절이 서운하고 씁쓸했으며 때로는 화도 났다. 또 한편으로는 민망한 마음도 들었다. 그래서 거절의 말을 들으면 바로 발길을 돌렸다.

영업에 대해 무지하고 경험도 없던 나는 바로 체념했다. 0순위 친구들도 호의적이지 않은데, 그다음 순위인 1순위, 2순위, 3순위는 만나볼 필요도 없겠다고 생각했다. 무엇보다 가장 편한 대상인 친구들도 막상 만나보면 보험 이야기를 꺼내기가 쉽지 않았다. 다들 결혼한 지 얼마 되지 않았고, 아이들도 어려서 살림살이가 빠듯하다는 걸 누구보다 잘 알기에 보험 가입을 권하기도 미안했다.

아무런 성과 없이 말일이 다가오자 마음이 초조해졌다. 첫 달은 가족들의 계약 덕분에 가까스로 창피는 면했다. 가족들은 내가 보험을 시작했다니까 "내 이름으로 뭐든 하나 가입해","나한테 좋은 보험 있으면 계약서 만들어서 갖고 와"라고 먼저 말해주었다.

보통 가족들과 보험계약을 맺을 때는 알아서 청약서를 작성한 다음 그들에게서 사인만 달랑 받아 제출하곤 한다. 하지만 나는 그러고 싶지 않았다. 보험의 가치와 정의, 그리고 이 보험이 왜 필요한지에 대해 충분히 설명하고 이해시킨 후 당사자들이 직접 청약서를 작성하게 했다. 그렇게 하면서 상담하고 계약을 성사시키는 연습을 한 것이다.

솔직히 가족들 앞에서 프로 영업자처럼 설명하고 설득하는 것은 멋쩍고 어색한 일이다. 하지만 낯선 사람을 설득하기란 훨씬 더 힘든 일 아니겠는가. 가족들을 상대로 영업을 연습하면서 프로페셔널한 보험영업자로 변신해가는 내 모습을 보여주는 것은 실전에 큰 도움이 되었다.

가족들에게도 지속적으로 아는 사람을 소개해 달라고 요청했다. 아무리 가족이라도 계속 당부하지 않으면 잊어버리게 마련이다. 그들이 나의 협력자가 되어 적극적으로 활동하게 하려면, 우선 내가 먼저 달라진 모습을 보여줘야 한다. 긍정적이고 적극적으로 변하고 있는 나의 모습을 보면, 그들도 자신의 지인들에게 나를 소개할 때 훨씬 더 당당하게 소개할 수 있다.

가족 영업을 통해서 어느 정도 영업의 기본기는 다졌지만, 지인들에게 이런저런 이유로 수차례 거절을 당하다 보니 다시 막막한 마음이 들었다. 하지만 그대로 주저앉을 수는 없었다. 주머니에 달랑 4,000원 있던 날 첫 영업을 나서며 했던 다짐을 떠올렸다. 더 이상 가족과 지인에게 연연해하지 말고 스스로 개척해야겠다고 결심했다.

단 한 번의 만남도
그냥 흘려보내지 않는다

영업을 시작한 지 몇 달이 지났을 무렵, 초등학교 친구들의 모임이 열린다는 소식을 들었다. 물론 나는 회비도 밥값도 없었다. 하지만 오라는 데는 없어도 누구든 만날 기회가 있을 때마다 나가는 것이 영업자의 자세 아닌가. 용기를 내서 참석했다.

물론 선뜻 보험 이야기를 꺼내기는 힘들었다. 다들 오랜만에 만나서 이런저런 사는 이야기를 하는 와중이라 차마 입을 떼지 못한 채 눈치만 보고 있었다. 그렇게 1차가 끝나고 2차로 맥주집에 갔는데, 친구 한 명이 내 근황을 물어왔다.

"야, 넌 요즘 뭐 하냐?"

나는 허심탄회하게 말했다.

"나 삼성화재에서 보험영업 시작했어. 너희들이 좀 많이 도와줘라. 하하하."

"야, 지난달에 우리 어머니 보험 가입했는데 진작 연락하지 그랬냐?"

"나도 자동차보험 만기돼서 갱신했는데, 너 보험 하는 줄 알았으면 너한테 가입할 걸."

그때 깨달았다. 영업의 기본은 무조건 사람을 많이 만나고, 만나는 사람마다 내가 보험영업을 하고 있음을 당당하게 알리는 것임을 말이다. 그때부터 나는 영업에 대해 하나씩 깨우쳐나갔고, 두려움도 조금씩 사라져갔다. 그제서야 영업의 길이 어렴풋이 보이기 시작했다.

하루는 성당의 선배 형과 만날 약속을 잡고 회사로 찾아갔다. 나는 선배에게 보험영업을 시작하게 되었다고 이야기하고는 건강보험 가입을 권유했다. 아니나 다를까 선배는 "보험 하는 친구들한테 이미 다 들어놓았다"고 대답하는 게 아닌가. 어렵게 보험 이야기를 꺼냈는데 다시 의기소침해졌다. 하지만 그냥 돌아서서 나올 수는 없었다. 뭐든 한마디는 덧붙여야 할 것 같았다.

"형, 건강보험은 웬만하면 다 들어놓았더라고요. 그래도 자동차보험은 매년 다시 가입해야 하니까 동료 분들 중에 새로 차를 사거나 자동차보험 만기되는 분이 있을 때는 잊지 말고 저 좀 소개해주세요."

그때 선배는 갑자기 뭔가 떠올랐다는 표정으로 뒤를 돌아보며 외쳤다.

"○○ 씨, 차 샀다고 하지 않았어?"

"네, 내일 차 나옵니다."

선배는 내게 바로 동료를 소개해줬고 그 자리에서 자동차보험 계약을 맺게 되었다. 만일 그때 상심한 나머지 그냥 돌아섰다면, 그 계약은 절대 성사될 수 없었을 것이다. 나의 첫 지인영업은 그렇게 "소개해 달라"는 말 한마디 덕분에 이루어질 수 있었다.

그날 이후 나는 누구를 만나든 단 한 번의 만남이라도 허투루 지나치지 않고 최선을 다해 나를 알렸고, 보험과 관련된 일이 생기면 '이석원'을 떠올릴 수 있게 진심을 다했다.

우리가 파는 것은
상품이 아니라 '신뢰'다

나는 개척영업을 위해 일면식도 없는 가게의 사장님들을 찾아다니기 시작했다. 한동안 특정 지역의 식당과 상점을 매일같이 드나들었다. 가게 문을 열기 전에는 언제나 호흡부터 가다듬었다. 아무리 마음을 단단히 먹어도 선뜻 문을 열고 들어서기란 쉽지 않았다.

"삼성화재에서 왔습니다."

종업원들은 내가 손님인 줄 알고 곁으로 오다가 멈칫 하더니 이내 뒤돌아섰다.

"잠깐만요. 명함 한 장 드릴게요."

"네? 지금 사장님 안 계시는데요. 그냥 거기 두고 가세요."

주방 앞 테이블에서 마늘을 까던 종업원이 건성으로 대답했다. 이

리저리 고개를 돌려봤지만 그 누구도 내게 눈길조차 주지 않았다.

처음으로 개척에 나선 날, 나는 그렇게 번번이 문전박대를 당했다. 가게를 나와 한동안 거리에 우두커니 혼자 서 있었다. 쓴웃음이 나왔다. 개척영업이 어려울 거라는 생각은 하고 있었기에 충분히 각오를 다지고 나섰다. 그런데 막상 가는 곳마다 말 한마디도 제대로 못 붙이고 보니 막막하고 참담한 심정이었다.

그래도 그냥 물러설 수는 없었다. 크게 숨을 몇 번 내쉬고 가방을 더 힘껏 쥐고는 다른 가게로 향했다. 아까보다 더 큰 목소리와 더 반가운 표정으로 다가갔다. 하지만 '삼성화재'라는 말에 가게 공기는 이내 냉랭해졌다. 어느 누구도 내게 관심을 보이지 않았다.

한 바가지의 소금벼락이
내게 알려준 것들

처음 개척영업을 나선 곳은 수원역 근방이었다. 수원에 있는 경기도청 근처에서 초등학교를 다녔던 나는 그 근처에서 오랫동안 살았다. 그래서 어느 곳보다 익숙한 그곳을 첫 개척지로 삼았다. 게다가 수원역 앞 로데오거리에는 상가 특히 술집이 어마어마하게 많았고, 역 근처 유동인구 중 90퍼센트는 20대일 정도로 늘 활기 넘치고 번화했다. 당연히 대부분의 가게들이 장사가 잘되었다.

초역세권에다 상가지대인 로데오거리를 영업지로 선택한 것은 전략적인 측면에서 옳았다. 하지만 실전은 달랐다. 어느 누구도 영업시간에 손님이 아닌 나를 반갑게 맞아주지 않았다.

며칠간의 쓰디쓴 경험을 한 이후, 나는 일주일 동안 사무실 안에 멍하니 앉아만 있었다. 일단 영업에 나설 엄두가 나지 않았고, 어디서부터 어떻게 해나가야 할지 막막했다. 그 달의 목표치는 달성하지 못하더라도 창피를 면하려면 어떻게든 계약을 따내야만 했다. 개척을 잠시 중단하고 다시 지인들을 만나볼까도 생각했지만, 그 또한 자신이 없었다. 무엇보다 수중에 밥 한 끼 살 돈이 없었다.

딱 일주일 후, 심기일전해서 다시 수원역 앞 로데오거리로 나섰다. 물론 그날도 첫 번째로 들어간 가게에서는 명함조차 건네지 못하고 돌아서야 했다. 하지만 내게는 낙담할 여유가 없었다. 절박한 마음을 품고 곧장 두 번째 가게로 발걸음을 재촉했다. 문을 열고 들어서자 사장님으로 보이는 할머니 한 분이 카운터에 앉아 계셨다.

"안녕하세요, 삼성화재에서 나왔는데요…."

내 인사말이 떨어지기가 무섭게 할머니는 고래고래 고함을 지르며 나를 향해 삿대질을 했다.

"당장 나가! 어디 남의 가게에 들어와서 보험 들라고 하는 거야!"

참으로 난감하고 어처구니가 없었다. 그런데 그게 끝이 아니었다. 당황해서 잠시 멈칫거리다가 가게 문을 나서는 찰나, 할머니는 내 뒤통수를 향해 소금을 한 바가지나 뿌려댔다. 그러고는 가게 문을 '쾅'

닫고 들어갔다. 나는 문 밖에서 한동안 소금도 털어내지 못한 채 명하니 서 있었다.

5월의 하늘은 더없이 청명했고 내 앞으로 지나가는 사람들은 모두 행복해 보였다. 순간, 코끝이 시큰했다. 울컥하는 마음에 나 자신에게 욕을 퍼부었다. '야, 이석원. 이 새끼야, 너 왜 이러고 살아야 하냐? 먹고살 길이 이 길밖에 없는 거냐? 꼭 이걸 해야만 하는 거냐고!'

나는 그날 그 자리에서 수없이 되물었다. 꼭 이걸 해야만 하는 거냐고 말이다.

영업에도 시간·장소·상황에 따른
TPO 법칙이 존재한다

한동안 아무 생각 없이 로데오거리를 걸어 다녔다. 뭘 어떻게 해야겠다는 뚜렷한 계획 같은 것도 없었다. 다만 집으로 돌아가고 싶지는 않았다. 다시 사무실로 향했다. 하지만 그날 이후, 열흘이나 영업에 나서지 못했다. 나는 사무실에 박혀서 꼼짝 않고 앉아 이런저런 생각들에 사로잡혀 있었다. 그렇게 한 주가 다 지나갈 무렵, 한 선배 영업자의 강의를 듣게 되었다. 그가 영업을 하면서 겪었던 역경에 비하면 내가 그날 받은 수모는 아무것도 아니었다. 그는 그간의 고충을 너무나 담담하게 풀어냈다. 내가 겪은 일들은 보험영업을 하다 보면, 아니

사회생활을 하다 보면 누구나 겪는 '과정'이라고 말했다.

강의를 듣고 오기가 발동했다. 이대로 물러서면 그건 나 자신에게 지는 것, 즉 내가 스스로에게 모멸감을 주는 것이라는 생각이 들었다. '저들도 다 하는데 나라고 못하겠어? 다시 한 번 해보는 거야!' 하며 새롭게 각오를 다졌다. 그 순간, 그날 내게 소금을 뿌린 그 할머니와 다시 대면하고 싶어졌다.

아침부터 느닷없이 소금벼락을 맞은 그날의 일은 나를 움츠러들게 하는 일종의 트라우마가 되었다. 심지어 이번에 가면 혹시 싸대기라도 맞지 않을까 하는 생각까지 들었다. 하지만 다음 날 나는 주먹을 불끈 쥐고 다시 그 가게를 찾았다.

이번에는 다른 시간대에 가봤다. 마침 점심 장사가 끝난 시간이었다. 그런데 희한한 일이 벌어졌다. 다짜고짜 고함을 치며 나를 내쫓았던 할머니가 이번에는 전혀 딴 사람 대하듯 한결 부드럽게 응대해주는 게 아닌가.

"응? 어디? 삼성화재에서 왔다고? 그래, 거기 명함 두고 가."

지난번보다 더한 홀대를 받을 거라 각오하고 갔는데 뜻밖의 분위기에 짐짓 놀랐다. 가게 안을 둘러보니 종업원들이 쉬면서 밥을 먹고 있었다. 아뿔싸. 내가 몰랐구나 싶었다. 첫 방문날, 시간을 잘못 선택한 것이었다. 가게에는 이른바 '개시'라는 게 있다. 그런데 이른 아침 개시도 하기 전에 들어가 보험영업을 하려고 했으니 할머니가 화를 내는 건 당연한 일이었다.

그리고 수원역 인근에는 국내외 온갖 보험회사들이 즐비하다. 그 식당에 나만 다녀갔을 리 없다. 할머니는 아침이면 개시도 하기 전에 찾아오는 보험영업자들 때문에 그동안 화가 쌓일 만큼 쌓였고, 그날은 마침 내가 뭇매를 맞은 것이다.

이후 나는 가게마다 시간을 달리 해서 찾아가는 전략을 썼다. 식당에서 가장 한가한 시간은 점심장사가 끝난 2~3시부터 저녁장사 준비가 시작되는 4~6시 사이이다. 그래서 그 시간을 집중 공략하기로 했다.

실제로 그 시간대에 영업을 다녀보니 역시나 오전보다는 사장님들의 주목도가 높았다. 한 가게에서는 제법 반응을 보이기도 했다. 그런데 설명이 끝날 무렵 "사장님 오시면 전해드릴게요"라고 하는 게 아닌가. 내 설명을 열심히 듣던 사람은 사장님이 아니었다.

카운터에 앉아 있어서 당연히 사장님이겠구나 생각했는데 내 예측이 빗나갔다. 다른 식당들도 마찬가지였다. 그 시간에 사장님들은 주로 은행 볼일을 보거나 운동을 하는 등 개인적인 일로 가게를 비우기 일쑤였다. 즉, 가게 안은 여유가 있지만 결정권을 가진 사장이 없는 시간인 것이다.

그렇게 몇 번의 시행착오 끝에 시간대를 달리 해서 며칠 간 영업을 다녀본 결과, 사장님들이 가게에 있으면서 가장 여유 있는 시간은 의외로 오후 8시 이후였다. 이 시간은 대개의 사람들이 가장 여유로운 시간이기도 하다. 생체 바이오리듬상 가장 평온하고, 타인의 이야기에 귀 기울일 여유가 있는 시간대. 게다가 술집의 경우는 사장님들이 반주를 한두 잔 걸친 경우가 많아 웬만해서는 웃으며 맞아준다.

보험영업자가 아닌
사람으로 먼저 신뢰받아라

"사장님, 안녕하세요? 삼성화재에서 나왔습니다. 이거 한번 읽어봐주세요."

나는 매일 로데오거리에 있는 가게를 돌아다니며 사장님들께 인사를 하고, 안면을 좀 튼 가게에는 보험상품 안내장과 명함을 두고 나왔다. 몇 달 간은 그렇게 본격적인 영업 대신 인사만 하고 다녔다.

그러던 어느 날 한 호프집에 갔는데 마침 사장님이 안 보였다. 두리번거리며 사장님을 찾던 중 손님이 벨을 누르며 "여기 맥주 한 병, 소주 한 병 더 주세요"라고 주문을 했다. 가게 안이 너무 시끄러운 탓에 종업원이 미처 그 소리를 듣지 못한 것 같았다. 나는 주저하지 않고 냉장고로 가서 맥주와 소주를 꺼내와 손님 테이블에 직접 갖다주었다.

그때 화장실에 다녀오던 사장님이 나를 보더니 짐짓 놀란 표정을 지었다. 나는 아무렇지도 않게 "사장님, 3번 테이블에서 맥주 한 병 소주 한 병 추가주문 들어왔어요, 다들 바쁘신 거 같아 제가 갖다드렸고요. 빌지에 표시도 해놓았습니다" 하고 보고까지 했다.

그동안 매일같이 찾아와 안면을 익힌 터라 사장님도 "어, 그래? 허허허" 하며 웃었다. 물론 처음 영업을 나간 가게에서 이런 일을 했다면 아마도 '미친 놈' 취급을 받으며 문전박대를 당했을지도 모른다.

어떤 가게에서는 손님들의 신발을 정리해주기도 했다. 가게에 들어서자마자 손님들의 신발이 여기저기 어질러져 있으면, 나는 그 신발들을 다 정리하고 나서야 사장님에게 인사를 드렸다. 그럴 때마다 사장님들은 "아이고, 왜 양복까지 차려입고 이런 걸 해? 하지 마, 하지 마" 하면서도 고마워하는 눈치였다.

가게 중에는 사장님이 직접 손님 차를 주차해주는 곳도 있는데 사장님이 바쁠 때면 내가 손님 차를 대신 주차하기도 했다. 서로 맨날 보는 사이인데다 내가 보험회사에 다니니 '행여나 차를 긁거나 박아도 알아서 처리하겠지' 하는 생각에 믿고 맡기신 것이다.

그렇게 날마다 역전 로데오거리를 한 바퀴 다 돌다 보면 보통은 새벽 1시를 넘기기 일쑤다. 그러던 어느 날, 영업을 마치고 보니 새벽 2시가 훌쩍 넘어 있었다. 천근만근 무거운 몸을 이끌고 집으로 향하는데, 마침 장사를 마치고 직원들과 술을 한잔 하던 횟집 사장님이 가게 밖에 있는 나를 보고는 들어오라고 손짓을 했다. '이 시간에 왜 날 찾으시지.' 갸우뚱하며 가게 문을 열었다.

"석원 씨! 들어와. 우리랑 같이 한잔해."

"네, 어서 들어오세요. 날도 추운데 한잔하고 가세요."

순간 코끝이 찡해오면서 눈물이 날 뻔했다. 매일같이 돌아다니며 얼굴을 내민 보람이 있었다. 그렇게 종업원들과도 조금씩 정이 들어갔고, 사장님들은 나를 가게 식구처럼 편하게 대해주셨다. 이후 나는 더욱 용기를 얻어 끈질기게 가게를 돌아다녔다.

가게 문을 열고 들어섰을 때 손님이 많고 사장님들이 바쁘면 멀리서 보다가 그냥 조용히 나오기도 했다. 어떤 가게는 며칠 동안이나 사장님이 바빠서 얼굴도 못 보고 나온 적도 있다. 치킨집 사장님이 그랬다. 나흘 동안 얼굴도 못 보고 번번이 가게를 나와야 했다.

그러다 5일째 되던 날 가게에 들어갔다. 사장님이 날 보자마자 "어이, 석원 씨 오랜만에 왔네. 맨날 오더니 왜 한동안 뜸했어? 그새 마음이 식은 거야?" 하며 웃으셨다. 그때 깨달았다. 사장님을 못 만나더라도 내가 다녀간 흔적은 꼭 남겨야 한다는 걸 말이다. 그날 이후, 사장님들이 장사하느라 바쁠 때면 카운터에 명함과 상품 안내장을 반드시 놓고 나왔다.

그렇게 몇 달 동안 영업을 하고 나니 내게 먼저 말을 걸어주는 사장님들도 하나둘 늘어났다. 그러던 어느 날 한 사장님이 날 부르셨다.

"석원 씨, 자동차보험도 해? 견적 한번 뽑아와봐."

"예? 자동차보험이요? 아… 네, 당연히 뽑아드려야죠."

사장님의 갑작스런 제안에 당황했지만 내심 뿌듯했다. 당시 삼성화재 자동차보험은 일반인들에게도 보험료가 높은 것으로 알려져 있었다. 그런데도 사장님은 다른 곳과 비교도 하지 않고 내게 자동차보험을 가입하셨다.

그 사장님뿐 아니라 내게 견적을 뽑아서 갖고 오라고 한 분들은 단한 명도 빠짐없이 계약서에 도장을 찍으셨다. 보험료나 상세한 조항을 설명하기도 전에 이미 나를 통해 보험에 가입해야겠다고 마음의결정을 하신 것 같았다. 사장님들 중에는 계약 후 자신의 지인을 소개해주거나, 다른 보험에 대해서도 관심을 갖고 이것저것 물어보신분들도 있었다.

고객 개척을 하러 다니면서 영업자에게 가장 중요한 것은 바로 '신뢰'임을 다시 한 번 절감했다. 그렇게 나의 개척영업은 날개를 달기시작했다. 세상물정도 영업의 기본도 모른 채, 무작정 덤벼들며 겪었던 시행착오를 통해 깨달았다. 영업에 있어 고객과의 신뢰만큼 강력한 제안은 없다는 걸 말이다. 그리고 "내가 진정으로 믿는 일은 반드시 이루어지고, 그 믿음이 소망을 현실로 만든다"는 격언의 의미를가슴속 깊이 새기게 되었다.

나만의 돌파구를 찾아
영업의 길을 개척하다

수원역 개척을 통해 조금씩 자신감이 붙기 시작한 나는 지인들에게
도 다시 활발히 연락할 수 있게 되었다. 그런데 막상 연락해서 만나
보니 의외로 3순위였던 사람들이 그 자리에서 흔쾌히 계약을 하기도
했고, 당장은 주저하다가도 몇 달 후 먼저 연락해와서는 다시 상담을
해달라고 하는 경우도 있었다.

1순위 지인들을 만났을 때 선뜻 계약해주지 않아 서운하고 섭섭했
던 것은 보험영업에 대한 나의 무지 탓이었다. 지금 당장 보험 가입
을 하지 않는다고 그 사람을 1순위에서 빼서는 안 된다. 보험은 단지
영업자와의 친분 때문에 가입하는 것이 아니다. 일상 속 위험, 재정상
황, 향후 계획 등 모든 제반 여건을 감안해서 심사숙고해야 하는 것

이 바로 보험 계약이다. 무엇보다 보험영업자로서 나에 대한 신뢰가 있어야 한다.

역전 가게에서 냉대를 당하고 소금까지 맞은 것도 어찌 보면 당연한 일이었다. 그들에게 나는 그저 영업 개시도 하기 전에 들어온 잡상인이었을 뿐이니까. 그 사장님들과 첫 계약을 맺기까지 몇 달이 걸렸다. 하지만 그 몇 달은 허투루 보낸 아까운 시간이 아니었다. 그들에게 나에 대한 믿음을 심어주는 중요한 시간이었다.

나의 주력 분야, 화재보험에서 영업의 길을 찾다

서러움에 북받쳐 눈물도 흘려보고, 벼랑 끝에 서 있는 듯한 좌절감도 맛보면서 보험영업이란 무엇인가를 하나씩 깨쳐나갔다. 그러면서 조금씩 영업의 재미를 알게 되었다. 무엇보다 정말 잘해보고 싶었다. 지인영업에서 탈피해 더 활발히 새로운 고객을 개척하겠노라 다짐했다. 자신도 있었고, 구체적으로 공략할 분야도 정했다. 바로 '화재보험'이었다.

자동차보험에 주력했던 것도 어쩌면 무지의 소산이다. 자동차보험은 보험 중에서도 영업자에게 할당되는 수수료가 적은 편이다. 또한 의무적으로 가입해야 하는 보험이기 때문에 영업자로서의 성취감도 적은 편이다. 하지만 화재보험은 무궁무진한 영역이다. 대부분의 사람들이 아직 가입을 하지 않았고 중요성에 비해 필요성을 깨닫지 못하고 있었다.

당시 가게들을 찾아가 화재보험에 대해 설명하면 '내 건물도 아닌데 내가 왜 화재보험에 가입해?' 하는 의식이 팽배해 있었다. 물론 지금도 크게 다르지 않다. 하지만 법적으로 화재가 발생하면 원상복구의 의무는 임차인에게 있다. 즉 화재보험은 건물 주인이 들어야 하는 게 아니라 건물의 일부분을 임차해서 영업하는 임차인들이 들어야 하는 것이다.

상가 임대차뿐만 아니라 주택 전월세의 경우도 마찬가지다. 아파트 등 공동주택은 의무적으로 동 대표들이 화재보험에 가입한다. 하지만 대개의 경우 보상 커버율이 낮은 편이다. 즉 우리 집에 불이 나서 가전 등 살림살이가 다 탔다 해도 보상받을 수 있는 돈은 얼마 되지 않는다.

행여나 불이 옆집으로 옮겨 붙었을 때는 그 피해 보상도 모두 내가 책임져야 한다. 화재가 나면 내 집을 기준으로 위로 3층까지는 그을음 때문에, 아래로 3층까지는 누수 때문에 손해를 끼치게 되어 있다. 이런 피해 보상에 대한 부담을 줄이기 위해서라도 개별적으로 화재보험에 가입해야 한다.

그러므로 화재에 따른 각종 위험사항에 대해 자세히 고지하고, 보험이 그것을 어떻게 보장해주는지 제대로 설명할 기회만 주어진다면 돌파구를 찾을 수 있을 것 같았다. 본격적으로 화재보험영업을 시작했다.

보험계약은 시간과 함께
신뢰를 쌓아가는 일이다

"이석원 씨가 화재보험을 한다고 들었는데… 상담 좀 받을 수 있을까요?"

어느 날, 지인이 전화로 화재보험 관련 상담을 의뢰해왔다. 나는 곧바로 약속을 잡고 찾아갔다. 공장 두 개를 갖고 있는 분이었는데, 각각 다른 보험회사에 두 개 공장의 화재보험을 모두 가입해둔 상태였다. 그중 한 공장의 화재보험 만기가 다가오고 있었다.

"만기는 다가오는데 담당자가 통 연락이 없어요. 그래서 보험회사에 전화해보니 담당자가 퇴사했다는 거예요. 콜센터 직원이 새 담당자를 연결해주겠다고 하는데 그냥 됐다고 했습니다."

그분과 화재보험 계약을 맺은 후, 보험증권을 갖다드리러 간 자리에서 나는 조심스럽게 다른 공장의 화재보험 계약서를 좀 보여달라고 했다. 그런데 계약서상에 적혀 있는 주소가 잘못되어 있는 게 아닌가.

"사장님, 공장은 수원 인계동에 있는데 여기 계약서상 주소지는 사장님 집주소지인 수지로 되어 있네요. 당장 전화해서 정정하시는 게 좋겠습니다."

"아이고, 주소가 잘못됐다고요? 그럴 리가 있나?"

다시 계약서를 확인한 사장님은 바로 보험회사에 전화를 걸어 주소 수정을 요청했다. 그리고 불과 12일 후, 그 공장에서 불이 났다. 사장님은 해당 보험회사 직원이 아닌 내게 전화를 해왔다. 나는 절차를 자세히 안내해드리고 보상까지 잘 마무리될 수 있도록 최선을 다했다.

"그때 주소를 안 고쳤으면 보상도 못 받고 정말 큰일 날 뻔했어요. 이게 다 이석원 씨 덕분입니다. 고맙습니다." 그 사장님은 지금까지도 매년 나와 화재보험 재계약을 맺고, 주변 공장의 공장주들도 계속 소개해주고 있다.

개척영업을 시작한 후 첫 계약을 따내기까지 꽤 오랜 시간이 필요했다. 가가호호 방문해서 서빙도 하고 주차도 하며 친분을 쌓은 지 석 달 만의 일이었다. 그만큼 보험계약은 시간과 함께 신뢰를 쌓아야 가능한 일이다.

영업 초기에 잡상인 취급을 받다 보면 누구나 '자존심 상해서 못하겠다', '더러워서 못해먹겠다'는 생각이 든다. 바로 이 지점이 중요하다. 실패하는 사람은 모두 그 순간 자신과의 싸움에서 지고 만다. 그러면 어떻게 해야 그 순간을 현명하게 극복하고 성공의 발판으로 만들어나갈 수 있을까?

나는 그보다 더 힘들었던 시절을 떠올리며 이를 악물었다. 새로운 방법을 모색하는 걸 멈추지 않았고 끊임없이 선배들에게 요령을 물어보면서 정신무장을 해나갔다. 내가 생각했던 것보다 결과가 좋지 않다고 상처받을 필요 없다. 다른 사람들이 내 맘 같지 않다고 서운해해서도 안 된다.

중요한 건 그들이 지금 보험에 가입해야 할 이유가 무엇인지 객관적으로 파악하고 그 결과를 인정하는 것이다. 입장을 바꿔 생각해보자. 지인이라면 당연히 보험계약을 해주어야 하는 걸까? 그걸 당연시여기는 것 자체가 오산이고, 오만이다.

프로 영업자는 어떻게
자기관리를 하고 있을까

2004년 3월, 내가 삼성화재에 입사할 당시 동기는 총 29명. 그중 대부분은 자녀를 다 키워놓고 다시 일하고 싶어 보험영업에 뛰어드신 여성분들이었다. 물론 경제적인 이유로 생업에 뛰어든 젊은 워킹맘들도 있었다. 9명 남짓한 남자 영업자들은 대개 명예퇴직 혹은 정년퇴직 후 새로운 일자리를 찾아온 40~50대였다. 나는 동기들 중에 가장 젊었고 유일한 총각이었다.

다양한 연령대의 동기들과 같은 교육장에서 함께 생활하며 또 다른 세상을 경험할 수 있었다. 그분들은 나이만큼 연륜이 있었고 세상물정에도 밝았다. 인맥 네트워크도 다양했다. 반면 내가 할 줄 아는 것이라곤 운동밖에 없었고 인맥이라고 할 만큼 아는 사람도 많지 않왔다.

모두 같은 출발선상에서 100미터 달리기를 시작하는데 유독 나는 여러 면에서 부족하고 불리하다는 생각이 들었다. 그렇다고 당장 바꿀 수 있는 것도 아니었다. 자신감이 부족했고 주눅이 들었던 것도 사실이다. 하지만 내가 보험영업을 시작한 이유만큼은 그 누구보다 절박하지 않던가. 자괴감에 빠져 있어서는 안 되겠다는 생각이 들었다.

여러모로 '나보다 유리한 입장에 있는 저분들이 갖고 있지 않은 나만의 장점을 찾아서 그걸로 경쟁력을 갖춰야겠다'고 다짐했다. 그 누구보다 더 잘할 수 있는 것, 나만의 장점. 순간 머릿속에 떠오르는 것이 있었다. 바로 아침에 일찍 일어나 제일 먼저 출근하는 것이다.

자기관리 제1원칙 :
남들보다 일찍 출근해서 더 빨리 영업에 나서라

일찍 출근하기로 마음먹은 다음 날, 나는 7시 반경 사무실에 도착했다. 출근시간은 9시라서 아무도 없을 것이라고 생각했는데 벌써 남자 동기들 서너 명이 와 있는 게 아닌가. 도대체 그들은 몇 시에 출근을 한 것일까 궁금했다.

다음 날은 7시에 사무실에 도착했다. 그런데 이미 2명이 나와 있었다. 오기가 발동해서 그다음 날에는 6시 20분쯤 사무실에 도착했다.

문을 열려고 손잡이를 돌렸는데 잠겨 있었다. 비밀번호를 누르고 사무실 문을 열고 들어가니 아무도 없었다. 사무실의 정적에 기분이 묘하게 짜릿했다.

동기들 중에서도 젊은 축에 속하는 나는 그들과는 차별점이 있어야 했다. 일찍 출근해서 우두커니 의자에 앉아 있고 싶지 않았다. 그래서 창문을 열어 환기시키고 사무실 쓰레기통을 모두 비우고 집기들을 정리했다. 바닥청소까지 깨끗이 마쳤다. 그렇게 매일같이 청소하다 보니 습관이 되었고 어느새 사무실 정리정돈은 나의 일이 되었다. 동기들보다 영업자로서의 출발이 빨랐던 만큼 하루 일과도 그들보다 빨리 시작하는 것은 어느덧 습관으로 굳어졌다.

가장 먼저 출근해 사무실 청소를 하는 것은, 지난 해 팀원들과 함께 사무실을 쓰던 팀장 시절까지 단 하루도 빠짐없이 지켰다. 그리고 개인 사무실을 쓰고 있는 지금까지도 어김없이 나의 일이다. 지금도 나는 회사 건물 주차장이 문을 여는 6시 30분이면 출근한다. 사무실 청소를 마친 후에는 그날 하루의 스케줄을 정리하고 미팅 자료도 챙긴다. 각종 신문을 정독하고 새 상품 약관을 두루 살피는 것도 중요한 아침 일과다.

팀원들과 아침 미팅을 할 때 즈음, 이미 나는 하루 스케줄에 대해 완벽히 소화한 상태이고 미팅이 끝나는 10시 반이 되면 곧장 영업에 나설 수 있는 만반의 준비를 마치게 된다. 즉 남들보다 집을 나서는 것도 빠르고 사무실을 나서는 것도 빠르다. 일찍 나서면 남들보다 더 많은 사람을 만날 수 있고, 준비도 충분히 한 상태라 더 깊이 있는 상담이 가능하다.

영업자로서의 감이 생길 무렵 나는 시간을 10분 단위로 관리하면서 단 1분도 허투루 쓰지 않기 위해 애썼다. 입사 후 몇 달을 지내보니 영업자들의 업무 양상이 천태만상이었다. 보험영업은 근무시간과 근무방법 모두 자신이 결정한다. 사무실에 없다고 누가 뭐라 하지도 않고 일을 덜 한다고 잔소리하는 사람도 없다. 철저히 자기가 한만큼 계약하고 계약한 만큼 소득을 챙기는 구조다. 그러다 보니 아침 미팅이 끝나자마자 주식 화면을 들여다보는 사람도 있고, 몇 시간씩 인터넷쇼핑을 하는 사람도 있다. 두세 시간씩 점심을 먹고 낮술을 한다거나 당구장 혹은 찜질방에 가는 사람도 있다.

그 무렵 우경애 교육주임님께서 내게 이런 말을 해주었다. "석원아, 이 일은 자기관리가 중요해. 자기관리가 안 되면 반건달이 될 수도 있어." 그 한마디가 내 마음에 콱 꽂혔다. 자기관리의 필요성을 확실히 깨달은 나는 시간관리부터 철두철미하게 하기로 마음먹었다.

아침 일찍 출근해 청소를 마치고 혼자 보험 공부를 한 다음, 교육과 미팅이 끝나는 10시 반이 되면 영업을 나설 만반의 준비를 마친 상태가 된다. 보험영업은 사람을 많이 만날수록 계약 성사율도 높아지기 때문에 최대한 많은 사람을 만나야 한다.

하루에 만날 사람들의 리스트를 뽑은 후 약속장소를 염두에 두고 동선과 이동시간을 파악해 최대한 효율적인 스케줄을 잡는다. 그렇게 하면 하루에 서너 번의 상담을 할 수 있고, 최대 하루 8건까지 한 적도 있다.

물론 혼자 스케줄을 관리하다 보면 나태해지기 쉽고 마냥 쉬고 싶은 날도 있게 마련이다. 그럴 때면 부모님이 지금 내 모습을 보고 계신다고 생각하면서 부끄럽지 않은 모습을 보여주기 위해 다시금 긴장의 고삐를 조였다. 결혼 후에는 아이들이 지금 내 모습을 보고 있다고 생각하면서 안일한 생각을 떨쳐냈다. 나 자신 그리고 가족을 비롯한 그 누구에게도 부끄럽지 않은 삶을 살기 위해 부단히 애썼다.

자기관리 제2원칙 :
하루 3제안과 보험전문가로서의 전문성 확보하기

매일같이 스스로를 독려하며 나태함을 경계하기 위해서는 나 자신과의 약속을 정하고 엄격하게 지켜나가야 한다. 나는 '반드시 하루에 3제안을 하자'라고 나와 약속을 했다. 사실 이 약속은 영업 경력이 많아질수록 지키기가 어렵다. 고객이 늘어나다 보면 기계약 고객들의 보상업무에 관한 일처리가 많아지기 때문이다. 그래서 자칫 신규고객 발굴에 소홀해지기가 쉽다.

나는 나 자신에게 약속했다. 아무리 관리업무가 바빠도 매일 3명에게 제안을 하기로 말이다. 보험영업에서 고객에게 인사를 하고, 그 고객의 기존 보험을 재점검하고, 보험의 필요성을 이야기하면서 또 다른 보험상품을 권유하는 것을 '제안'이라고 한다. 나는 눈코 뜰 새 없이 바쁜 날도 '하루 3제안'의 약속은 반드시 지킨다.

지인들과 기계약 고객의 소개를 받아 사람들을 만나기도 하고, 신규 고객의 개척을 위해 명함을 건네며 인사를 나누기도 한다. 제안을 할 때도 나만의 원칙이 있다. 절대로 첫 만남에서는 보험계약에 대해 이야기하지 않는다. 내 나이 또래 직장인을 만나면 공통의 관심사인 노후대책에 대해 이야기를 나누고, 연배가 높은 분을 만나면 건강과 관련한 이야기를 하면서 보험의 필요성과 가치에 대해 몇 마디 건네는 선에서 대화를 마친다.

그리고 난 후 보험 리플릿과 명함을 함께 보내면서 '도움이 될 일이 있으면 언제든 편하게 연락을 주세요'라는 코멘트를 남긴다. 그 후로 2~3주에 한 번씩 지속적으로 연락한다. 이런 분들 중에는 몇 달 후 먼저 연락을 해오는 경우도 상당수다.

자신감 있게 영업을 하기 위해서는 보험 전문가로서 스스로에게 부끄럽지 않을 정도의 전문성을 갖추어야 한다. 보험상담의 기본이자 전부는 영업자의 전문성이다. 제아무리 영업스킬이 뛰어나다고 해도 보험에 대한 전문적인 지식과 정보, 상품에 대한 정확한 이해가 기반이 되지 않으면 영업자로 성공할 수 없다.

나는 이 점과 관련해서는 타의 추종을 불허한다고 자신한다. 각종 교육을 마친 후에도 SSU(Samsung Sales University)를 4학기 이수하는 등 모든 사내 교육을 성실히 받았다. 뿐만 아니라 새벽에 출근해서 새로운 자료들을 독파했고, 이를 멈추지 않았다. 이처럼 꾸준히 공부해야지만 고객의 상황에 맞는 다양하고 새로운 제안을 하기 위한 갖가지 아이디어를 낼 수 있다.

15년 넘도록 끊임없이 공부하는 자세를 유지할 수 있었던 것은 바로 새벽 출근 덕분이다. 남들보다 빨리 하루를 시작하는 습관은 많은 것들을 바꾼다.

자기관리 제3원칙 :
목표는 높게 잡고, 실천계획은 일별로 세분화하라

화재보험에 집중해서 전력질주하리라 결심한 뒤 처음에 세운 목표는 '3.3.3'이었다. 이는 '3년납 3년 만기 상품으로 300명의 고객을 발굴하면, 3년 뒤에는 월소득 3,000만 원이 될 수 있다'는 의미다. 이 목표를 달성하기 위해 월 단위, 주 단위, 일 단위 세부계획을 세우고 매일 그 목표를 향해 얼마만큼 도달했는지 확인했다.

이렇게 세부계획을 세우고 날마다 철저히 성과를 관리하다 보니, 스스로 긴장의 고삐를 쥐게 되었다. 가령 이 달에 100만 원을 계약하기로 계획을 세웠는데, 한 달의 절반이 지도록 30만 원밖에 달성하지 못했다면 밤에 잠이 오지 않았다. 그러다 보면 불현듯 연락할 대상이 생기고 또 누군가를 만나게 된다. 그렇게 온갖 방법과 인맥을 동원해서 매일의 목표를 달성하고자 노력하다 보면 월말에는 반드시 계획한 바를 이루어내게 된다.

2011년 말, 나는 이미 월소득 평균 1,500만 원을 넘겼다. 하지만 그것에 안주하지 않기 위해 2012년 시작과 동시에 새로운 목표 5W를 선언했다. 한순간이라도 나태해지는 것을 경계하기 위해 새로운 목표를 정해서 매달, 매주, 매일의 실천계획을 세웠고 실천해나갔다. 그 결과 삼성화재 남자 영업자로는 처음으로 '5W 167주 달성'이라는 신기록을 세울 수 있었다.

보험영업자는 회사와 연봉계약을 하지 않는다. 자기 자신과 계약한다. 나는 해마다 전년 대비 높은 금액의 연봉을 책정하는데 이는 희망연봉이자 목표이며, 나 자신과의 약속인 셈이다. 스스로 세운 이 목표는 그 무엇보다 강력한 업무 추진력이자 원동력이 되어주며, 오늘보다 더 나은 내일을 위해 매일매일 최선을 다하게 자극한다.

나는 스스로 만든 이 자기관리 원칙들을 지금 이 순간에도 지켜나가고 있다. 해마다 나 자신과 연봉계약을 하면서 매년 희망연봉을 높여 잡았고, 지금까지 늘 희망 연봉 이상을 받아왔다. 앞으로도 그 원칙은 변함없이 지켜나갈 것이다.

성공적인 개척영업을 위해 지켜야 할 10계명

제1계명

 아침 시간에는
절대 가게 영업에 나서지 마라

마수걸이, 즉 개시도 못한 아침에 보험영업자가 제일 먼저 가게 문을 여는 것을 반기는 곳은 어디에도 없다. 아침 시간이 아닌 점심 이후 혹은 저녁 시간에 찾아가라.

제2계명

 사장님을 만나고 싶다면
저녁 8시 무렵에 찾아가라

대개 점심 장사가 끝난 2~4시 경에 찾아가면 사장님을 만날 수 있을 거라고 생각하지만 실제로는 그렇지 않다. 그 시간에 사장님들은 대부분 자신의 개인 볼일을 보러 나가고 없다. 사장님들을 만날 확률이 높은 시간은 저녁 8시 무렵이다.

제3계명
사장님이 가게에 없으면
명함과 상품 안내장이라도 카운터에 두고 나와라

사장님을 못 만났다고 해서 가게를 그냥 나오면 안 된다. 반드시 카운터 자리에 명함과 보험상품 안내장을 두고 와야 한다. 그것은 내가 다녀간 흔적과도 같다.

제4계명
가게에 들어서면
영업자가 아닌 종업원이 돼라

바쁜 시간에 가게를 찾게 되면 손님들 주문도 대신 받아주고, 주차도 도와주고, 음식도 날라줘라. 내 고객의 손님은 나에게도 손님이다. 그렇게 하다 보면 종업원들의 호감도 사게 되고 사장님의 신뢰도 얻게 된다.

제5계명
가게 종업원들은
잠재고객이자 나의 평판 관리자임을 명심하라

영업자 중에는 가게 주인에게만 유독 공을 들이는 경우가 있다. 하지만 영업자의 평판은 오히려 종업원들의 판단에 달려 있다. 그들에게 신뢰받는다면 사장님에게도 믿음을 줄 수 있고, 나아가 그들에게 다른 보험상품을 소개할 기회도 얻을 수 있다.

제6계명

**고객의 편의와 이익을 언급하면서
정보를 얻어내라**

식당 사장님들은 보험회사 영업사원들에게는 선뜻 명함을 주지 않는다. 명함이 없는 경우도 많다. 그래서 회식장소를 예약한다고 해도 메모지에 식당 이름과 전화번호만 적어준다. 하지만 내게 필요한 건 식당 주소다. 이럴 때는 그들의 편의와 이익을 언급하면서 필요한 정보를 받아내야 한다. "사장님, 주소 좀 알려주세요. 직원들이 네비게이션 찍고 찾아와야 하는데 자꾸 전화하면 귀찮으시잖아요." 이렇게 말하면 백이면 백 모두 주소를 알려준다.

제7계명

**내 계약자가 아니라 해도
성심껏 도와라**

당장 계약하지 않을 사람도 잠재고객이다. 그러므로 그들에게 위험이 닥치면 확실하게 도와야 한다. 내 고객이 아니더라도 지속적으로 연락을 하다 보면, 무슨 일이 생겼을 때 자신의 보험 담당자가 아닌 나에게 연락을 해오는 경우가 많다. 그럴 때 성심껏 도움을 주면 언젠가는 내 고객이 되게 마련이다. 보험은 시간과 신뢰로 하는 영업임을 명심하라.

제8계명
 남들보다 일찍 출근해서 더 빨리
영업에 나서라

보험영업은 자기와의 싸움이다. 시간관리와 목표관리 모두 스스로와의 약속이다. 단 1분도 허투루 쓰지 않겠다는 마음가짐으로 시간계획을 세워야 프로 영업자가 될 수 있다. 영업은 사람을 만나야 할 수 있는 일이므로 단 한 사람이라도 더 만나기 위해서는 남들보다 일찍 출근해서 영업을 위한 만반의 준비를 마쳐야 한다.

제9계명
1일 신규제안 횟수를
목표로 정하라

지인영업과 달리 개척영업은 몇 배의 시간과 공을 들여야 한다. 쉽게 성사되지도 않을뿐더러 영업 경험이 많아야 가능하다. 그래서 많은 이들이 개척영업을 두려워하고 지인영업에 의존하려 하는데 그래서는 절대 프로 영업자가 될 수 없다. 하루에 몇 명의 고객에게 신규제안을 할지 목표를 정하고 무슨 일이 있어도 달성해야 한다.

제10계명
✓ 일 단위로 실천계획을 세우고
철저히 관리하라

목표를 위한 계획을 세워도 제대로 실행되지 않는 경우가 많다. 그 이유 중 하나는 매일, 즉 일 단위 계획을 세우지 않았기 때문이다. 계획을 잘게 쪼개서 세우다 보면 매일 체크하게 되고, 그날의 목표를 달성하면 성취감이 생겨 다음 날도 순조롭게 실천이 가능하다.

CHAPTER 02 어떻게 나만의
고객을 만들 수 있나

"고객들에게 어떤 가치를 추가로 제공해줌으로써

그들의 기대 이상으로 서비스한다."

나는 이 말을 영업자로서 갖추어야 할 태도로 삼고 있다.

눈앞의 이익에 급급해 욕심이 앞서거나

초심을 잃을 때면 이 말을 떠올린다.

고객에게 좋은 것이 나에게도 좋은 것이다.

더 멀리 가기 위해서는 고객과 함께 가야 한다.

THE POWER OF
SINCERITY

병원 개척영업,
나는 이렇게 시작했다

입사한 지 10개월 즈음 되자 조금씩 영업의 감이 잡히기 시작했다. 수원역 앞 로데오거리에서의 개척에도 탄력이 붙었고 자신감도 생겼다. 그러다 보니 역전뿐 아니라 다른 곳도 개척해봐야겠다는 새로운 목표를 세우게 되었다.

첫 번째 타깃은 바로 수원에 있는 이춘택정형외과였다. 영업 동선과 시간 등 업무 효율성을 최대한 고려한 선택이었다. 정형외과는 주로 교통사고를 비롯해 여러 가지 사고로 입원해 있는 환자가 있는 병원이라서 당장 보험계약을 성사시키기는 어렵다. 환자의 치료가 끝나고 일정 기간이 경과해야 보험회사에서 가입을 받아주기 때문이다. 그걸 알면서 나는 왜 정형외과를 첫 번째 목표로 삼았을까?

바로 환자들의 가족, 그중에서도 자녀들을 위한 보험 가입을 권유하기 위해서였다. 특히 한 집안의 가장이 다쳐서 입원해 있다 보면 '내가 이렇게 다칠 줄이야. 이럴 줄 알았으면 진작 보험이라도 들어놓을 걸… 당장 생활비와 병원비는 어떻게 하지?' 같은 걱정과 후회를 하게 마련이다. 특히 자녀가 있는 환자들은 자신이 아픈 것보다 자녀 걱정이 앞선다. 당시 나는 결혼 전이었지만, 고객들을 만나 이야기를 나누면서 아이가 있는 가장의 마음을 그 누구보다 잘 알게 되었다.

환자가 아닌 환자의 자녀들을 위한 보험을 권유하라

이춘택정형외과에는 전치 2~3주 진단을 받은 경미한 교통사고 환자나 염좌환자들이 주로 입원해 있었다. 나는 그 병원을 수차례 다니면서 환자들이 주로 하는 수술은 무엇이며, 그 수술을 할 경우 며칠 동안이나 병원에 입원해 있고 병원비는 얼마 정도 나오는지를 대략 파악해나갔다. 그런 다음 환자에게 다가가 인사를 하고는 이런저런 질문을 했다.

"어쩌다 이렇게 다치셨어요? 수술은 하셨어요?"

"아, 그럼 3~4일 더 입원해 계셔야겠네요. 답답하시죠? 중간계산은 하셨어요?"

"혹시 보험은 들어놓으셨어요? 보상은 얼마나 받는지 아세요?"

내가 이런 질문을 하면 대부분 스스럼없이 대답해주셨다. 병원에서 갑갑한 날들을 보내고 있는 환자들이기에 누구든 말을 건네주는 사람에게는 호의적이었고, 보험 보상에 관해 물어보면 꽤 관심을 보이기도 했다.

"보험은 몰라서 덜 받는 경우가 많아요. 제가 매주 수요일 여기로 오니까 그때 보험증권 있으시면 갖다놓으세요. 제가 자세히 봐드릴 게요."

나는 매주 수요일 2시부터 4시까지 이춘택정형외과의 병실을 돌아다니며 환자들에게 보험상담을 해주었다. 그전 주에 보험증권을 갖다놓겠다고 약속한 환자들은 정말 병실 옆 캐비닛에서 증권을 꺼내서 나에게 건넸다. 이미 들어놓은 보험에 대해서는 먼저 "보험 잘들어놓으셨네요. 선견지명이 있으셨습니다"라며 칭찬부터 한 후 말문을 열었다. 어느 정도 보상을 받을 수 있는지, 어떤 서류를 준비해야 하는지 소상히 안내해드렸다. 그런 다음에 해당 보험에서 빠져 있거나 부족한 부분을 설명하면서 그 부분에 대해서는 추가할 것을 권유했다. 그러면 대부분 귀담아 듣고 피드백도 빠르다. 다쳐서 병원에 있다 보면 보험에 대한 관심이 커질 수밖에 없다.

"나 지금 바로 그거 추가할 수 없을까?"

"아니요. 치료받으신 지 얼마 안 되셔서 당장은 못 드세요. 경과기간이 지난 후에는 꼭 추가하세요. 내가 아무리 조심한다고 해도 사고는 언제 어디서든 날 수 있으니까 미리 대비해두시는 게 좋아요."

이렇게 기존 보험에 대한 상세한 설명을 하다 보면 자녀들의 보험 가입 여부에 대해 물을 수 있는 기회도 찾아온다.

"참, 자녀분 있으시죠? 자녀들 앞으로도 꼭 보험 들어놓으세요. 사장님도 갑자기 이렇게 다치실지 몰랐잖아요. 자녀들도 마찬가지예요. 놀이터나 학교에서 다치는 경우도 꽤 있어요. 집도 안전하지 않아요. 집에서 일어나는 안전사고도 많아요. 아파트에서 인라인스케이트를 타다가 주차된 차를 긁는 경우도 있고요. 그런데 보험에 가입돼 있으면 그런 것도 다 보험으로 처리할 수 있으니 안심이 돼죠. 아이들 보험료는 비싸지 않으니 꼭 하나 가입하세요."

"그래요? 그 보험은 얼마나 해요?"

자신이 겪은 사고를 아이도 겪을 수 있다고 생각하면 더 이상 방심하고 있어서는 안 되겠다는 조바심이 들어서 보험에 적극적으로 관심을 보인다. 나는 한 주 지난 후 다시 만날 때 세 가지 정도의 견적을 뽑아서 그중 보험료가 가장 높은 만기환급형을 제일 먼저 소개했다. 이렇게 가장 비싼 것부터 보여주면 대개는 금액이 비싸다고 하면서 좀더 낮은 금액의 보험상품을 찾는다. 그래도 주저하면 마지막으로 제일 저렴한 견적을 건넨다.

"보험은 어차피 위험 보장이잖아요. 환급이 안 되더라도 보장만큼은 확실히 되는 것으로 하시는 게 더 낫습니다. 이게 괜찮아요. 한 달에 3만 원이면 가능해요. 하루 천 원꼴입니다."

이렇게 권유하면 대부분 마지막에 권한 상품으로 그 자리에서 계약한다. 나는 이런 식으로 꽤 많은 자녀보험을 성사시켰다.

병원영업의 위기, 고객들과의 약속을 생각하며 극복하다

"야, 너 지금 여기서 뭐해? 당장 안 나가? 다시는 여기 얼씬도 하지 마!"

어느 날, 병원 사무장이 날 찾아와서는 갑자기 욕설을 퍼부으며 삿대질을 하기 시작했다. 병원 개척영업은 처음이었기에 속수무책으로 쫓겨나왔다. 그런데 차에 앉아 곰곰이 생각해보니 억울한 생각이 들었다. '내가 잘못한 게 뭐야? 법을 어겼어, 병원비를 가로챘어?' 그곳에 다시 안 가는 한이 있어도 그런 식으로 쫓겨날 수는 없었다.

다시 병원으로 들어가 원무과로 향했다. 원무과 직원들 사이에 있던 그 사무장을 향해 나도 똑같이 큰 목소리로 따져물었다.

"내가 뭐 잘못한 거 있어? 도둑질을 했어? 횡령을 했어? 환자들 보험금 잘 타게 해드리려고 도와준 것뿐인데. 이거 다 당신들이 해야할 일을 내가 한 거야. 고마워는 못할망정 왜 잡상인 취급하며 사람을 쫓아내?"

사무장이 나에게 한 것처럼 삿대질까지 하면서 한바탕 시원하게 퍼부었다. 그러고 나니 억울하게 당한 분은 좀 사그라들었다. 하지만 차를 타고 사무실로 돌아오는 내내 마음 한켠이 무거웠다. 이렇게 소란을 피웠으니 다음 주엔 어떻게 가야 할지 막막했다.

그다음 주 수요일, 병원에 가는 날이었지만 나는 결국 오후가 되어서도 병원으로 향하지 못했다. 이대로 포기해야겠다는 생각마저 들었다. 그런데 다음 날 아침, 전화 한 통이 걸려왔다.

"이석원 씨. 어제 왜 안 왔어? 증권 갖다놓으라 해놓고는… 오후 내내 기다렸잖아."

"아이고, 죄송합니다. 제가 어제 급한 일이 있어서 못 들렀어요. 지금 바로 찾아뵐게요."

사무장과의 일만 생각하느라 환자분들에게 보험증권을 갖다놓으라고 한 것을 까맣게 잊고 있었다. 속이 상하고 마음이 복잡해도 그들과의 약속을 저버릴 수는 없었다. 나는 곧장 병원으로 향했고 일일이 환자들을 찾아가 보험상담을 해주었다.

그렇게 매주 수요일 병원 방문은 다시 시작되었다. 한동안은 사무장과 마주칠 일이 없었는데 몇 주 만에 복도 끝에서 걸어오는 병원 사무장과 마주쳤다. 잠시 서로 어색해하며 쭈뼛거렸는데 그가 먼저 내게 간단한 목인사를 하고 지나갔다. 순간, '이제 내쫓지는 않겠구나, 계속 환자들을 만나도 되겠구나' 하는 안도감이 들었다. 이후로 나의 병원 개척은 계속되었고, 꽤 많은 계약을 성사시킬 수 있었다.

이춘택정형외과는 지금도 내 기억 속에 남아 있는 곳이다. 첫 번째 병원영업지라서가 아니라 그 병원 환자들 때문이다. 다 포기하고 싶은 마음이 들 때 그들이 나를 다시 병원으로 불러주었고 용기를 주었다. 무엇보다 나는 그때 보험영업에 있어 가장 중요한 것이 무엇인지 알게 되었다. 최고의 영업방법은 고객과 한 약속을 지키고 신의를 지키는 것임을 깨달은 것이다.

'하면 된다'가 아닌
'어떻게 잘할 수 있는지'를
깨우쳐라

"할 수 있다. 나는 잘할 수 있다."

보험영업을 시작하면서 구호처럼 마음속으로 되뇌는 말이다. 이렇게 말로 잘할 수 있다고 날마다 외치다 보면 '끌어당김의 법칙'처럼 진짜 잘하게 된다고 믿기 때문이다. 말이 긍정의 주문이 되는 것이다. 하지만 '어떻게 해야' 잘할 수 있는지 구체적인 실행이 따르지 않으면 그 주문은 허황된 생각에 그친다.

보험회사에 입사하면 일정 기간 동안 교육을 받는다. 보험에 관한 전문지식도 익히고 훌륭한 선배들의 영업스킬도 배운다. 하지만 막상 영업에 나가보면 이론과 실전은 다르다는 걸 뼈저리게 느끼게 된다. 숱한 문전박대와 좌절을 겪고 나면 이렇게 해서는 안 되겠다는 생각이 든다. 초보 영업자가 프로 영업자가 되기 위해서는 먼저 생각의 프레임을 바꿔야 한다. 그리고 새로운 세상으로 나가기 위해 만반의 준비를 해야 한다. 새가 알을 깨야 세상에 나올 수 있듯, 먼저 스스로에 대한 편견을 깨야 변화와 도전을 가져올 수 있다.

그러기 위해서는 가장 기본적인 것부터 제대로 익혀야 한다. 나는 후배들에게 나의 초보 영업자 시절의 시행착오를 들려주면서 '하면 된다'보다 '어떻게 하면 잘할 수 있는가'를 강조한다. 그중 몇 가지에 대해 이야기해보고자 한다.

명함을 주고받는 데도 전략과 방법이 있다

"선배님, 어떻게 하면 모르는 사람한테 명함을 주고 말을 쉽게 걸 수 있어요?"

개척을 시작한 지 얼마 되지 않은 후배들이 이런 질문을 종종 해왔다. 숫기 없는 남자 영업자들이 보험 입문과정에서 겪는 어려움이다. 나 역시 그들 못지않게 소심한 타입이라서 누구보다 그들의 심정을 잘 이해한다. 그래서 이런 질문을 받을 때마다 내가 처음에 썼던 방법을 구체적으로 알려주곤 한다.

나는 막 영업을 시작했을 때 '매일 모르는 사람 다섯 명에게 명함을 준다'는 목표를 세웠었다. 그런데 생판 낯선 사람에게 "삼성화재 이석원입니다" 하고 인사를 하면서 명함을 주기란 쉽지 않았다. 받아주는 사람도 몇 명 없었다. 어떻게 해야 할까 고민하다가 문득 '내가 갑인 상황에서 명함을 준다면 어떨까?' 하는 생각이 들었다.

이를테면, 편의점에서 생수 값을 계산하면서 "삼성화재 이석원입니다. 제 명함 한 장 드릴게요"라고 하는 것이다. 그러면 어느 사장님, 어느 종업원이든 다 받아준다. 주유소에서 기름을 넣고 계산하는 동안에도 "삼성화재 이석원입니다. 명함 한 장 드릴게요. 보험 필요하시면 연락주세요"라고 하면 다들 흔쾌히 받아든다. 이런 상황에서 여러 번 명함 주는 연습을 하다 보면 언제 어디서나 당당하게 명함을 건넬 수 있게 된다.

그다음은 상대로부터 명함 받는 연습을 해야 한다. 모르는 사람의 명함을 많이 받아놓으면 놓을수록 잠재고객을 확보하는 것이기 때문에 이는 아주 중요한 영업 포인트다. 문제는 모르는 사람에게 명함 받기가 쉽지 않다는 점이다. 그렇다면 어떻게 해야 할까? 나는 상대가 호의를 보일 수 있는 제안을 했다.

가령, 식당에 들어가서는 내부를 훑어보면서 "사장님, 저 삼성화재에 근무하는 이석원이라고 합니다. 저희 사무실 직원들이 회식을 하려고 식당을 물색 중인데요… 메뉴판 좀 보여주실 수 있나요?" 이렇게 이야기를 꺼내면 다들 호의적으로 대해준다. 그런 다음 내 명함을 내밀면서 "사장님도 명함 한 장만 주세요"라고 하면 대부분 곧바로 명함을 준다. 혹여 명함이 없는 경우에는 메모지에 식당 이름과 전화 번호를 적어준다. 이런 연습을 하다 보면 어느샌가 누구를 만나서도 "명함 한 장 주세요"라는 말을 주저 없이 할 수 있게 된다.

"나, 보험영업 시작했어." 주저하지 말고 알려라

지인들에게 보험 일을 하게 되었음을 알리는 것조차 처음에는 쉽지 않다. 나 또한 그랬다. 하지만 보험을 시작하고 몇 년이 지난 후 지인 영업을 하며 깨달은 점이 있다. 나뿐만 아니라 최소 3년 이상 이 일을 한 영업자라면 지인들에게 이런 이야기를 종종 들을 것이다.

"왜 그때 보험 한다고 이야기 안 했어? 그때 말만 했으면 내 동생 실손보험은 너한테 들었지."

"진즉에 말하지. 우리 둘째 태아보험 딴 데서 들었잖아."

그때마다 '아차!' 하는 마음이 들었다. 소심한 마음에 보험영업을 시작했다는 사실을 0순위 대상자에게만 알렸다. 그리고 그들이 선뜻 계약에 응해주지 않자 서운한 마음에 1순위, 2순위 대상자는 몇몇에 게만 알리고 나머지는 슬며시 포기했던 것이다.

그런데 내가 미처 말하지 못한 지인들 중 상당수가 아직 보험에 들지 않았거나 보험 가입을 차일피일 미루고 있는 사람들이었다. 내가 심리적으로 가깝게 느끼는 사람과 내가 아는 사람들 중 보험 니즈가 있는 사람은 완전히 별개의 대상이다. 보험영업을 한다는 걸 알리면 서먹해지지 않을까 하는 생각에 머뭇거리다 보면 눈앞의 계약을 놓치게 된다.

"나, 보험 시작했어. 혹시 상담 필요하면 언제든 연락해. 주변 사람들 중에 보험 문제로 고민하는 사람 있으면 연결해주라."

이 한마디만으로도 수많은 계약의 기회를 만들 수 있다. 그래서 나는 늘 후배들에게 '보험영업을 시작했다는 걸 주저하지 말고 지인들에게 알리라'고 강조한다. 이 일을 천직으로 생각하고 새로운 성공에 도전해보고 싶다면, 무조건 모든 지인들에게 자신이 '보험영업자'임을 당당히 알려야 한다.

자신의 주력 분야를 정해서
집중하라

보험은 분류하는 표준에 따라 여러 가지로 나뉜다. 그중 크게 인보험, 손해보험으로 구분되는데 영업자에 따라서는 인보험 전문가가 있고, 손해보험 전문가가 있다. 보험을 막 시작하면 무엇에 주력해야 할지 결정을 못하고 주저하게 되지만, 영업의 감을 익히고 나면 자신에게 잘 맞고 더 잘할 수 있는 분야가 생기게 마련이다.

나는 손해보험 중에서도 화재보험을 전문 분야로 삼았다. 수원역 로데오거리와 이춘택정형외과에서 신규 고객을 개척하며 제법 영업에 자신을 얻은 나는 다음 개척지로 제조공장이 밀집되어 있는 화성의 공장단지를 선택했다. 화재보험 전문가가 되기로 마음을 먹고, 화재보험을 권유하기 쉬운 곳을 택한 것이다. 내가 화재보험을 주력 분야로 정한 데는 몇 가지 이유가 있다. 우선 화재보험은 알릴 의무사항, 즉 고지사항이 없다. 인보험의 경우 피보험자의 진료기록, 현재 건강상태, 약 복용 여부 등을 회사의 심사자에게 반드시 알려야 한다. 즉 가입 승인을 받기 위해 서류를 떼서 올리는 절차가 복잡하다.

한번은 이런 일도 있었다. 몇 달 동안 제안한 끝에 한 고객에게서 건강보험 계약서에 사인을 받아 계약자에게 전달사항을 알려주었다. 그런데 갑자기 고객이 "앗 저 몇 달 전에 고혈압 약을 먹었어요"라고 하는 게 아닌가. 지금은 고혈압 약을 복용한 이력이 있으면 보험료를 할증해서 받지만, 당시에는 고혈압 약을 먹은 사람은 아예 보험 가입이 안 됐다. 정말 난감한 순간이었다.

반면 화재보험은 이런 고지사항이 없다. 건물의 이력, 즉 화재 여부를 알릴 필요가 없다. 주소만 알면 바로 승인 여부를 알 수 있다.

두 번째 이유는 손해율이 낮기 때문이다. 건강보험은 보상 빈도수가 잦은 반면 화재보험은 보상 빈도수가 낮다. 우리 회사의 경우, 2010년도 기준으로 실손보험의 손해율이 127퍼센트인 반면 화재보험은 26.3퍼센트대다. 이는 해마다 큰 차이가 없고 다른 회사도 마찬가지다. 손해율이 안 좋으면 회사뿐 아니라 영업자에게도 디메리트가 있다. 계약 건수가 비슷한 영업자라고 해도 수수료에는 차이가 난다. 즉 손해율이 낮은 보험 계약 건수가 많은 보험영업자가 더 높은 수수료를 받는 것이다.

세 번째로 시간 관리상으로도 화재보험이 더 효율적이다. 건강보험 계약자와 화재보험 계약자 간의 접촉 빈도수를 비교해보면 건강보험 계약자의 접촉 빈도수가 확연히 높다. 건강보험 계약자의 경우 병원에 가는 횟수가 많을 뿐만 아니라, 병원에 다녀온 후 영수증을 받고 접수하는 등의 잡무가 많다. 반면 화재보험은 화재가 나지 않는 이상 별도로 시간을 할애할 일이 그다지 많지 않다.

영업도 자신과 잘 맞는 분야를 찾아서 그것에 집중해야 목표 달성도 쉽다. 각각의 장단점을 객관적으로 분석해내고 그것을 바탕으로 자신의 성향과 가장 잘 맞는 주력 분야를 정해야 한다. 한 분야를 집중적으로 공부하고 영업하다 보면 자신만의 노하우와 인맥 네트워크도 더 빨리 쌓아나갈 수 있다.

화재보험 제안에도
우선순위가 있다

화재보험을 주력 분야로 정한 나는 화성의 공장을 다니면서 개척영업을 해나갔다. 공장을 일일이 방문해 대표님들에게 공장의 화재보험과 직원들의 책임보험, 회사 차량의 자동차보험을 권유했다. 공장단지 개척 초기부터 꽤 큰 보험을 여러 건 계약했다. 이곳이 화재보험의 블루오션이라는 믿음과 함께 나의 선택이 탁월했음을 자부했다.

그런데 새로운 계약을 계속 해나가면서 '뭔가 좀 이상하다'는 생각이 들었다. 몇 달이 지나자 가입한 보험을 해지하는 공장이 예상보다 많았고, 보험료 감액을 요구하는 공장도 적지 않았다. 도대체 왜 이런 일이 생기는 걸까? 계속 고민하면서 다각도로 사태를 파악해나가기 시작했다.

공장의 경영 상태부터 파악하고, 제안은 나중에 하라

화성 공장단지를 개척한 후 큰 계약을 성사시켰다는 기쁨도 잠시, 얼마 안 돼서 수당을 제대로 받지 못하는 일이 여러 건 생겨났다. 디메리트가 부여된 것이다. 보험회사에서 영업자를 평가하는 기준 중 하나로 '유지율'이라는 것이 있다. 그 평가기준에 따르면 계약 후 24개월 이내에 보험계약자가 보험계약을 해지할 경우, 영업자에게 디메리트가 생기게 된다. 즉 내가 아무리 큰 계약을 성사시켰다고 해도 24개월 이내에 가입자가 해지를 하거나 감액을 하면 내게 디메리트가 부여되는 것이다.

사전 정보나 기준 없이 무작정 부지런히 다니며 나를 만나주는 대표님에게 열심히 제안하고, 보험금과 보험료를 늘려서 계약하면 그만이라고 생각한 나의 무지에서 비롯된 일이었다. 그때 깨달은 것이 바로, 제안에도 우선순위가 있다는 점이다.

공장 개척영업을 할 때는 공장의 경영 상태를 가장 먼저 확인해야 한다. 그다음에 운영이 잘 되는 공장을 선별해서 그곳을 집중 타깃으로 삼고 영업에 매진해야 한다. 그렇다면 공장의 경영 상태는 어떻게 알아볼 수 있을까? 나는 그 방법을 찾기 위해 한 달 동안 아침저녁으로 두 번씩 공장을 다녔다.

매의 눈으로 공장단지를 둘러보니 불은 켜져 있으나 공장이 가동

되지 않는 곳도 있었고, 며칠에 한 번 겨우 공장을 돌리는 곳도 있었다. 반면 매일같이 풀가동되는 공장도 있었다. 그중에는 밤늦게까지 불이 켜져 있고 기계 돌아가는 소리가 나는 곳도 있었다. 어느 날은 주말과 휴일에도 가보았다. 그랬더니 토요일 밤 10시 혹은 일요일 밤 10시에도 쉬지 않고 일하는 곳이 있었다. 공장은 가동하는 만큼 돈을 번다. 그러므로 쉬지 않고 늦게까지 가동하는 공장은 잘 되는 공장인 것이다.

나는 무릎을 쳤다. '더 많이 더 오래 가동하는 공장의 순위를 뽑자. 그리고 그 순위대로 타깃을 삼자.' 그렇게 나의 공장 개척영업은 원점에서 다시 시작되었다. 당연히 계약률은 높아졌고 유지율도 점차 안정되었다. 그 한 가지를 깨닫고 나니 또 다른 사실도 알게 되었다. 타깃 설정에 우선순위를 정하는 것은 사업장뿐만 아니라 개인의 삶에서도 중요하다는 것을 말이다.

사람과 건물의 위험등급을 확인한 후 제안하라

수원역 로데오거리, 정형외과, 공장단지, 농수산물시장 등을 개척하러 다닐 때 나는 당장 눈앞에 보이는 모든 사람을 타깃으로 삼았다. 택시회사에 가서 요구르트를 나눠주고 버스회사에 가서 사탕을 나눠주며 명함을 돌렸다. 공사현장에서 시장까지 사람이 모이는 곳이면 어디든 가서 리플릿을 나누어주었다. 하지만 눈에 띄는 성과를 올리지는 못했다. 제안하는 타깃에 대한 분석이 전혀 없었기 때문이다.

보험에는 급수가 있다. 사람의 경우 위험 정도에 따라 1급, 2급, 3급으로 나뉘는데 보통 사무직은 1급, 현장직은 3급에 속한다. 위험 정도가 그 중간쯤 되는 운동코치 혹은 미용실 직원 등은 2급에 속한다. 그런데 그동안 내가 대면했던 사람들은 주로 2급과 3급이었다. 3급의 경우 보험료가 상대적으로 비싼 반면 환급률은 낮다.

초창기 시절 나는 이러한 기준이나 영업이익에 대한 고민이 없었다. 개척의 우선순위를 염두에 두지 않고, 무조건 동선의 효율성과 많은 사람들이 모여 있는 곳을 타깃으로 삼아 영업을 했다. 회사의 순익과 나의 메리트는 고려하지 않은 채 막무가내로 제안한 셈이다.

하지만 새로운 기준을 잡은 순간 내 개척지는 달라졌다. 무작정 영업에 나서지 않았다. 지도를 펴놓고 인근에 보험급수 1급인 사람들이 모여 있는 곳은 어디인지 면밀히 살폈다. 수원 일대를 염두에 두고 살피다 보니 수원지방법원과 경기도청이 눈에 들어왔다. 법원 근처에는 각종 변호사사무실, 법무사사무실, 공증회사 등이 대거 몰려 있고 도청 근처에도 내근직 직원들이 대다수인 회사들이 많다. '바로 여기다!' 나는 그쪽을 새로운 개척지로 택했다.

건물의 경우도 위험 정도에 따라 1급, 2급, 3급으로 나뉜다. 보통 콘크리트로 지은 건물은 1급, 벽돌로 지은 건물은 2급, 샌드위치 판

넬로 조립한 건물은 3급에 속한다.

　그렇다면 어떻게 이 사실을 확인할 수 있을까? 주소만 있으면 등기부등본 건축물대장을 조회할 수 있다. 미리 받아온 명함에 있는 주소로 건축물대장을 검색해서 해당 건물이 몇 급인지 알아본 다음, 1급 건물을 1순위 타깃으로 삼아 화재보험을 제안했다.

　이렇게 우선순위를 염두에 두고 타깃을 설정하고 제안을 한 결과, 내 실적은 날개를 달았다. 보험유지율도 높아서 상대적으로 디메리트를 덜 받게 되었고 보험수익율도 상승했다. 그 덕분에 보험영업을 시작한 지 2년 만에 연봉이 2배로 올랐고, 4년 만에 3배로 올랐다. 그렇게 내 목표에 한 발 더 다가서게 되었다.

위험을 느낀 사람,
그가 바로 0순위 고객이다

2006년 즈음 나의 월소득은 평균 500만 원을 웃돌았다. 삼성화재 RC에게 월 평균소득 500만 원은 큰 의미가 있다. 왜냐하면 SSU(Samsung Sales University)에 입학할 수 있는 자격이 생기기 때문이다. 나는 SSU에 지원했고 당당히 합격했다. 전국에서 온 RC 50명과 함께 대전 유성에서 네 차례에 걸친 합숙 교육을 받았고 그해 하반기에 졸업했다.

SSU 교육기간 동안 내게는 새로운 변화가 생겼다. 당시 나는 보험 영업을 시작한 지 2년여 만에 수원 안에서는 꽤 잘하는 RC가 되었다는 자부심이 가득했다. 자신감도 넘쳤고 수차례의 시행착오를 거치면서 나만의 요령도 갖게 되었다고 여겼다.

그런데 전국에서 모인 에너지 넘치는 프로 RC들을 만난 후, 그동안 나는 우물 안 개구리에 불과했다는 사실을 뼈저리게 느꼈다. 그들은 나보다 훨씬 더 견고한 전문성을 갖고 있었으며, 자신만의 확실한 영업전략도 갖고 있었다. 뭔가 변화가 필요했다. 자극은 충분히 받았으나 어떻게 변화할 것인가 하는 숙제는 여전히 풀리지 않았다.

새로운 도약을 위한 '타깃 전략'을 고심하다

지난 2년여 동안 좌충우돌하면서 내가 해온 노력도 충분히 의미 있지만, 새로운 도약을 위해서는 영업과 시간의 효율성을 더 높이기 위한 방법을 강구해야 했다. 주먹구구식 영업에서 탈피해 보다 체계적이고 전략적인 영업을 펼쳐보리라 마음먹었다. 그때 내 고민은 영업의 타깃을 정할 때 '무엇에 주안점을 두어야 하는가'였다. 관련해서 다양한 책과 자료를 찾아봤고 선배들의 성공사례까지 연구하며 고민에 대한 해답을 찾아나가기 시작했다.

그러던 어느 날, 출근길에 차가 꽉 막혀서 움직일 기미가 보이지 않았다. 도대체 무슨 사고가 났길래 이렇게 꼼짝도 하지 않는지 궁금했다. 차에서 내려 앞을 바라봤다. 멀리서 소방차 사이렌 소리가 들렸다. 경기도청에서 건물을 증축하는 도중에 불이 난 것이다. 그 불을 진화하기 위해 여러 대의 소방차가 출동했고 일대가 극심한 교통체증을 겪고 있었다.

수많은 시민들이 화재 진압 광경을 구경하러 나왔다. 근처에 사는 사람들은 행여나 자신들의 집으로 불이 옮겨 붙지는 않을까 하는 불안한 눈빛으로 바라보고 있었다. 출근길에 우연히 이 광경을 보게 된 후, 나 역시 화재가 얼마나 무서운 사건인지 실감하게 되었다. 만일 우리 집이나 회사에 불이 나면 정말 순식간에 모든 것이 잿더미로 변하겠다는 생각이 들면서 화재에 대한 경각심이 생겼다.

문득 '아, 바로 이거다' 싶었다. 지금 나와 함께 화재를 목격한 모든 사람들도 똑같은 감정을 느낄 것이다. '그래, 불이 난 것을 직접 목격한 사람을 대상으로 화재보험을 제안해보자.' 영업 타깃을 잡을 때 무엇에 주안점을 두어야 할지에 대한 고민의 실마리를 드디어 풀게 된 것이다.

화재를 직접 목격한 사람을 타깃으로 삼아라

사무실에 들어가자마자 각종 화재 관련 사이트를 뒤졌다. 그런데 사이트에 올라와 있는 정보는 대부분 비공개였고 공개된 자료도 대개 '수원 권선구 ○○동에 화재가 1건 있었다' 식으로 너무 광범위하고 추상적이었다. 화재지역을 찾으려면 형사처럼 그 동네를 몇 날 며칠 돌아다녀야 할 판이었다. 하지만 포기하지 않았다. 바로 수원 권선동에 있는 소방서를 찾아갔다.

"안녕하세요, 삼성화재의 이석원이라고 합니다."

"네? 삼성화재요? 보험회사 직원이 소방서에는 무슨 볼일로…."

"다름 아니라 이 근처에서 불이 난 곳이 어딘지 좀 알 수 있을까 싶어서요. 그 근방에 사시는 분들께 화재보험을 권해보려고 합니다. 아무래도 직접 화재를 목격하신 분들이라면 미리미리 대비해야겠다는 생각도 하실 거고…."

"아, 뭐 어떤 말인지는 알겠는데요. 경찰이나 통계청 직원도 아닌데 함부로 화재지역 정보를 알려줄 수는 없습니다."

아무리 설득을 해도 화재 지역에 대한 정보를 얻는 건 불가능했다. 아무것도 알아내지 못한 채 되돌아왔지만 포기할 수는 없었다. 가족, 친구, 선후배들에게 백방으로 연락해서 '혹시 소방서에 아는 사람이 있는지' 묻고 또 물었다.

그렇게 열흘이 넘게 지난 어느 날, 중학교 선배 형의 형님이 소방서에 근무하고 있다는 사실을 알게 되었다. 한동안 미로를 헤매듯 막막했었는데 그 순간 돌파구를 찾은 것 같았다. 곧장 선배에게 형님을 소개해달라고 부탁했다. 하지만 당장 만날 수는 없었다. 선배도 일이 바빠 만남이 차일피일 미뤄졌다. 목마른 자가 먼저 우물을 파는 법. 직접 선배를 찾아가, 그 자리에서 바로 전화를 걸어달라고 요청했다.

그렇게 우여곡절 끝에 연결된 형님에게 내가 화재 정보를 찾고 있는 이유에 대해 솔직하게 설명했다. 그랬더니 형님이 흔쾌히 응해주시는 게 아닌가. 천군만마를 얻은 기분이었다. 형님이 알려주신 정보를 바탕으로 현장에 나가 가가호호 방문했다.

"○월 ○일 ○시에 저기서 불난 거 보셨어요?"

"아이고, 난리도 아니었어. 이게 뭔 일인가 싶어서 다들 자다 나와서 봤잖아. 무서워서 죽는 줄 알았어."

아무리 작은 불이 났다 해도 소방차가 최소 4~5대는 출동한다. 한밤이나 새벽에도 인근 주민들은 모두 깨어나서 나와 보게 되어 있다. 혹시 인명사고는 없을까, 불이 우리 집에 옮겨 붙지는 않을까 불안 초조해하며 화재 진압 광경을 지켜보게 된다. 그러다 보면 화재가 얼마나 무서운 건지 절감할 수밖에 없다. 지척에서 화재를 목격한 사람들은 모두 다 똑같은 위험을 느낀다. 화재보험 가입 권유를 위한 절반의 설득은 이미 끝난 셈이다.

"불이 그렇게 무서운 거더라고요. 화재보험 안 들어놨으면 엄동설한에 졸지에 길거리에 나앉겠더라고요."

"그러게 말이야. 아주 삽시간에 확 다 태워버리니까. 다음 날 청소 트럭이 와서 가전제품이랑 가구들 꺼내는데 쓸 만한 게 아무것도 없더라고. 아주 새까맣게 다 타버렸어."

"아이고… 그런데 화재보험은 들어놓으셨어요?"

이렇게 지난 화재사건에 대해 이야기하면서 보험 이야기를 꺼내면 대개는 귀를 쫑긋이 세우며 상담에 집중한다. 화재를 지척에서 자기 눈으로 목격하고 그 위험을 실감한 사람들을 대상으로 한 화재보험 권유와 계약은 나에게도, 그들에게도 든든하고 유익한 일이었다.

SSU 교육기간 후, 나만의 영업전략을 세우기 위해 절치부심한 보람을 느꼈다. 프로 영업자가 되기 위해서는 무턱대고 자신감 하나로 덤벼들어서도, 요령만 쌓아서 그때그때 계약을 성사시키는 것에 집착해서도 안 된다. 긴 안목으로 새로운 시장을 개척한다는 정신을 갖고 체계적, 전략적으로 접근해야 한다. 무엇보다 그래야만 보험영업이 천직이 될 수 있다.

DM 개척도 나만의 방식으로 꾸준히 해야 성공한다

"지금 마포대로에서 사고가 났는데 바로 좀 와줄 수 있어요?"

"허리가 아파서 병원 응급실에 왔는데, 보험 서류 떼려면 뭘 어떻게 해야 돼? 여기서 직원이 뭐라고 하긴 하는데 무슨 말인지 알아들을 수가 없어."

보험영업 4년차가 되고 나니 하루에도 몇 번씩 기계약 고객에게서 '사고가 났는데 지금 바로 와줄 수 있느냐'는 다급한 전화가 걸려오곤 했다. 고객이 많아지는 만큼 보상과 사후관리 업무가 하루 일과에서 차지하는 비중도 커졌다. 그러다 보면 개척영업을 할 시간이 줄어들고 여러 가지 애로사항이 발생했다.

하지만 나는 새로운 계약 달성보다 기계약 고객의 사후관리를 더 중시 여겼다. 신규 계약도 중요하지만 새 고객을 만나기 위해서는 이미 나와 계약한 고객 관리에도 만전을 기해야 한다. 내 일처리를 신뢰하는 고객은 주변 지인들이 보험에 가입하려고 하면 어김없이 나를 소개해주기 때문이다. 그래서 개척활동에 대한 계획을 철저히 지켜나가되 기계약 고객 관리를 우선순위에 두었다. 하지만 시간상의 한계는 분명히 있다. 동시에 둘 다 할 수는 없기 때문이다. 그래서 착안한 것이 DM 개척이다.

넘볼 수 없는 차이를 만드는 DM 개척의 세 가지 원칙

사내 홈페이지에 들어가 보면 다양한 정보가 꾸준히 업데이트되어 있다. 보험과 재테크 정보뿐 아니라 뉴스, 시사상식, 건강, 인문지식, 유머에 대한 정보까지 있다. 나는 이 중에서 고객들에게 가장 유익하고 그들이 재미있어할 만한 정보를 모아 3장 정도의 DM 자료를 만들었다.

DM 봉투에는 내 얼굴 사진이 인쇄된 명함을 라벨지로 출력해서

붙였다. 봉투 중앙에는 '사장님 부자되세요' 등의 글귀를 직접 썼다. 보통 보험회사에서 받는 리플릿 봉투는 찢어버리기 일쑤인데 사진과 손으로 직접 쓴 글귀가 있으면 그리 쉽게 버리지는 못한다. 이뿐 아니라 나의 DM 개척영업에는 몇 가지 원칙이 있다.

첫째, DM 개척영업은 본격적인 업무시간 외에 한다. 업무시간의 효율성을 높이기 위해 시작한 일인 만큼 일과시간이 아닌 그 전과 후 시간을 활용했다. 매주 화요일 저녁, 그날 업무를 모두 마친 후 사내 홈페이지에 들어가 최신 자료 중에서 필요한 정보를 골라 DM을 만들었다. 봉투에는 변함없이 내 사진이 있는 명함 라벨을 붙였다. 그렇게 완성한 80개 정도의 DM 봉투를 들고 퇴근한다.

다음 날, 새벽 4시 반에 집을 나선 후 DM 개척 타깃 지역으로 가서 마치 신문배달을 하듯 한 부 한 부 가게 셔터 밑으로 밀어 넣었다. 80개 정도를 모두 돌리고 사무실에 도착하면 평소 출근시간인 6시 30분 정도가 된다. 그렇게 나의 수요일 일과는 새벽 DM 개척영업 후 시작되었다.

둘째, 보험에 대해서는 언급하지 않는다. 혹시나 하는 마음에 보험회사에서 보낸 DM 봉투를 열었는데 '역시나 그럼 그렇지' 하는 생각이 들 보험 이야기는 싣지 않는다. 보험회사 직원들이 돌리는 일반적인 유인물과 같다면 아무런 의미가 없다.

나는 보험 관련 정보를 제외하고, 부자가 되는 데 필요한 정보인 예적금 지식과 세무지식 등을 우선적으로 담는다. 그다음으로는 건강정보를 싣는다. 인근 가게의 사장님은 주로 40~50대로 건강에 관심이 많을 나이이기 때문이다. 마지막으로는 그들이 매주 이 DM을 보고 잠시라도 웃을 수 있도록 각종 유머 시리즈를 넣는다.

셋째, 꾸준히 성실하게 해야 한다. 일을 하다 보면 전날 회식 등으로 과음을 해서 새벽에 일어나기가 힘든 날도 있고 폭설, 폭우, 한파주의보가 내리는 날도 있다. 나도 사람이다 보니 그런 날이면 꾀가 나게 마련이다. '하루만 쉴까' 하는 생각이 들기도 한다. 하지만 DM 개척을 시작한 후 지금까지 단 한 번도 매주 수요일 새벽 DM 돌리기를 거른 날이 없다.

한 번 빠지면 그다음 주에 나서는 발걸음이 무거워지고 몇 번 그러다 보면 흐지부지된다는 걸 잘 알기 때문이다. 그리고 우연히 DM을 돌리는 한 칼국수 집에서 점심을 먹은 적이 있었는데, 카운터를 보니 내가 돌린 DM 봉투가 가지런히 놓여 있는 게 아닌가. 그 사장님은 늘 내 DM을 보고 계셨던 것이다. 그런 경험을 하고 나면 더욱 책임감을 느끼게 된다. 매주 수요일 DM 개척은 나와의 약속일 뿐 아니라 사장님들과의 약속이 되었다.

나는 이 세 가지 원칙을 바탕으로 수원 화서역 인근 가게 80여 곳을 대상으로 6개월 정도 매주 DM을 돌렸다. 그러고는 가게마다 찾아가서 인사를 드렸다. 사장님들은 한결같이 이렇게 말했다.

"참 부지런하세요."

"매주 받다 보니 수요일엔 가게 문을 열러 오는 길에도 그게 기다

려지고 궁금해지더라고요."

"볼 만한 내용이 꽤 있어. 수요일은 점심 장사 끝나면 그거 보는 낙이 있더라고."

사장님들의 반응은 늘 좋았다. DM 이야기를 꺼내면 차를 내오고 식사를 대접해주시면서 친절히 응대해주었다. 손님 응대로 바쁜 사장님 한 분은 따로 약속 날짜도 잡으셨다.

"아이고, 갑자기 손님들이 들이닥치는 바람에 커피 한잔도 같이 못했네. 내일 3시 어때? 내일 다시 와."

이렇게 신신당부하는 사장님들을 만나면 그간 고생한 보람이 느껴져 하루의 피로가 싹 달아나곤 한다.

DM 영업만으로 이룬
놀라운 성과

매주 수요일 나의 DM을 받아본 사장님들에게 보험 제안을 할 기회가 왔다. 결과는 어땠을까? DM을 돌린 80군데 중에서 화재보험 계약만 무려 24건을 성사시켰다. 한 주도 거르지 않고 손글씨로 인사말을 쓰고 사진까지 붙인 DM을 보내는 나에 대한 신뢰가 이미 어느 정도 쌓여 있었기 때문이다.

이렇게 꾸준히 개척활동을 한 결과, 보험영업 4년 만에 계약 고객뿐 아니라 잠재 고객도 엄청나게 늘어나 있었다. 이들은 무엇과도 바꿀 수 없는 나의 든든한 재산이다. 이처럼 나를 신뢰하고 믿어주는 잠재 고객이 많은 것은 긴박한 상황에서 특히 빛을 발한다.

지난 2000년 초부터 보험회사들은 실손의료보험을 판매하기 시작했다. 이 보험은 많이 팔려나가는 만큼 가입자들의 병원 방문 횟수와 진료 수요도 늘어났고, 당연히 국민의료보험 지출도 늘어나게 되었다. 정부는 의료보험 재정을 늘리기 위해 새로운 법안을 내놨다. 보험회사가 실손의료보험 가입자에게 의료비 전액을 지급하던 종전과는 달리, 2008년 3월부터는 보험회사가 90퍼센트만 지급하고 나머지 10퍼센트는 가입자 본인이 부담하게 한 것이다. 정부의 발표 후 보험회사들은 크게 반발했고, 시행일자는 2009년 10월 1일자로 연기되었다.

즉 2009년 10월 1일 이후에 실손의료보험에 가입하면 보험회사로부터 의료비의 90퍼센트만 받게 되는 것이다. 가입자 입장에서 보면 그 전에 가입해야만 전액을 받을 수 있는 상황이었다. 따라서 새 법률이 시행되기 전, 몇 달 동안은 실손보험을 제안하기에 최적의 기간이었다.

나는 그해 7월부터 9월까지 석 달 동안 기계약 고객 중 실손의료보험에 가입하지 않은 고객들뿐 아니라, 그동안 오랜 시간 얼굴을 보고 지낸 잠재 고객들에게 실손의료보험을 집중적으로 제안했다. 그리고 적지 않은 계약을 성사시킬 수 있었다.

개척활동은 이처럼 다양한 상황에서 영업의 든든한 디딤돌이 되어준다. 이것이 바로 내가 잠시도 DM 개척을 게을리할 수 없는 이유다. 나는 그 후에도 아주대학교 앞 가게 120군데를 비롯해 꾸준히 DM 개척을 하고 있다.

기존 고객 관리 때문에 신규 제안의 기회가 점점 줄어들 때는 DM 개척만큼 좋은 영업수단도 없다. 단, 한 지역을 정해 꾸준히 성심껏 할 필요가 있다. '○○○의 DM'이라고 불릴 수 있을 정도로 나만의 개성과 정성을 담아서 만들고, 매주 정해진 날짜에 반드시 넣어야 한다. 내 입장이 아닌 고객의 입장에서 그들이 필요로 하고 재미를 느낄 수 있는 정보를 고르는 것도 중요한 포인트다.

'이미 가입했다'는
고객의 마음도 바꿀 수 있다

화재보험의 타깃을 직접 화재를 목격한 사람으로 좁혀서 이른바 '핀셋 타깃팅'을 한 것은 주효했다. 하지만 지적에서 화재를 목격했다고 해서 제안을 받자마자 그 자리에서 곧바로 화재보험에 가입하는 것은 아니다. 게다가 내가 DM 개척에 나섰던 수원 화서역 근처에 있는 가게 사장님들에게 화재의 위험은 먼 나라 이야기나 마찬가지였다.

그들에게 화재보험에 대한 말을 꺼내면 대부분은 관심을 보이지 않고 일단 거절한다. 그렇게 계속 화재보험 권유를 하다 보니 거절 코멘트가 거의 세 가지로 좁혀진다는 사실을 알게 되었다. 가장 많이들 하는 거절 멘트는 "이미 가입했다"는 것이다. 진짜 가입을 했을 수도 있고, 보험 권유가 귀찮아서 이미 가입했다고 거짓말하는 경우도 있다. 이럴 때는 보험에 가입해 있다는 것을 가정하고 접근해야 한다.

기존 보험 담당자보다
내가 더 전문가임을 어필하라

"사장님, 혹시 화재보험 가입하셨어요?"

"그럼요, 벌써 가입했죠."

"잘하셨습니다. 화재보험은 진짜 중요한 보험이거든요."

DM 개척으로 안면을 익힌 사장님에게 화재보험 이야기를 꺼냈더니 이내 가입했다는 답이 돌아왔다.

그때 다시 한 번 내 명함을 꺼내 보여드렸다. 명함에는 '화재보험 전문가'라는 문구가 붉은 글씨로 적혀 있다.

"사장님, 화재보험 정말 잘 들어놓으셨어요. 화재보험만큼은 꼭 전문가에게 드셔야 해요."

나는 이 말을 의도적으로 세 번에서 다섯 번 반복한다. 내가 바로 화재보험 전문가라는 사실을 은연중에 각인시키기 위해서다. 이외에 화재보험을 제안할 때는 나만의 몇 가지 원칙을 갖고 한다. 우선 처음 방문한 가게에서는 인사를 한 후 나올 때 반드시 가게 명함을 받아온다. 명함에는 가게 주소가 적혀 있기 때문이다. 가게 밖으로 나서서 잊지 않는 것이 또 있다. 가게의 사진을 찍는 것이다. 그다음에는 다른 곳으로 이동하기 전 반드시 개척일지를 쓴다. 고객과 나눈 대화 내용과 각종 특이사항, 날짜와 시간까지 일일이 기록해놓는다.

　이후 그 가게는 2주 안에 다시 방문한다. 물론 그동안 정성껏 제안서를 준비하는데, 지난 방문 때 찍은 가게 사진을 가장 첫 페이지, 즉 표지에 선명하게 인쇄한다. 기존 계약이 어느 보험회사와 한 것인지는 모르지만 보험계약을 했다면 담당자가 있을 것이고, 그보다 내가 더 화재보험 전문가로 보이기 위한 만반의 준비인 셈이다.

　"안녕하세요? 잘 지내셨어요?"

　"저번에 오지 않았어요? 내가 그때 가입한 화재보험이 있다고 했는데…."

　"네, 그때 화재보험 들었다고 하셨어요. 그런데 제가 또 방문한 이유가 있습니다. 그때 명함 드리면서 제가 화재보험은 전문가에게 가입해야 한다고 한 말 기억하시죠?"

　지난 방문에서도 강조한 이 말을 다시 반복하면서 차 한 잔만 달라고 한다. 사장님이 차를 준비하는 동안 제안서를 테이블 위에 올려놓는다. 하지만 사장님이 다시 테이블에 앉는다 해도 제안서를 눈여겨보지 않을 수 있다. 이럴 때는 가게 사진을 보여주며 관심을 끌고, 가방 속에서 또 한 가지 서류를 꺼낸다. 바로 건축물대장이다.

　내 고객의 가게에 불이 나서 그 보상 업무를 하면서 알게 된 아주 중요한 사실이 하나 있다. 손해사정인이 현장에 나와서 화재의 피해가 어느 정도인지 조사를 한 후, 구체적으로 피해금액을 산정하는 기준이 바로 건축물대장이다.

2009년 이후부터 삼성화재에서는 화재보험 계약시 건축물대장을 확인하게 한다. 하지만 그전에는 사무실에서 건축물대장을 한 번도 본 적이 없었고, 건축물대장이라는 말조차 오가지 않았다. 선배 영업자 어느 그 누구도 건축물대장을 뽑아보지 않았다.

"전문가에게 가입해야 한다고 말씀드린 이유는 다른 게 아닙니다. 사장님 명함에 있는 주소를 보고 건축물대장을 뽑아봤어요. 혹시 보험 가입할 당시 건축물대장 보고 가입하셨어요?"

이렇게 말하면 사장님들의 눈이 점점 커지고 귀는 점점 더 열린다. 어느 보험영업자도 건축물대장 이야기를 꺼낸 적이 없기 때문이다.

기존 보험의 문제점을 성실히 알려줘라

"사장님, 보험증권 있으시죠? 제대로 가입되어 있는지 제가 한번 봐 드릴게요."

이렇게 말을 건네면 대부분의 사장님들은 보험증권을 가져와서 보여준다. 그런데 그때마다 내가 놀라는 게 있다. 90퍼센트 이상이 잘못 가입되어 있기 때문이다. 가장 많은 문제는 '보험료율'이 잘못 책정되어 있는 것이다.

가령 3층 건물의 1층에서 삼겹살 가게를 하는데 한 건물에 식당보다 더 위험도가 높은 가게들이 있다면 그 가게들의 요율로 화재보험에 가입해야 한다. 예를 들어 같은 건물 지하에 노래방이 있고 2층에는 세탁소가 있다면, 삼겹살 가게는 노래방과 세탁소 요율로 가입해야 하는 것이다. 그래야만 화재가 발생했을 때 제대로 된 보상을 받을 수 있다. 그런데 그걸 감안하지 않은 채 일반 식당 요율로 가입되어 있는 경우가 허다했다. 그렇게 되면 화재보험에 가입하고도 화재 후 제대로 보상을 못 받는다.

일반적으로 상가건물은 가게가 자주 바뀐다. 삼겹살 가게가 지하에 있는 노래방 때문에 노래방 요율로 화재보험에 가입해서 보험료를 내고 있다고 하자. 그런 경우, 만약 노래방이 나가고 일반 사무실이 들어왔다면 보험회사 담당자에게 곧바로 연락을 해서 요율을 낮춰달라고 요구해야 한다. 요율을 낮추지 않는다고 화재 발생시 보상을 받는 데 문제가 있는 건 아니지만, 보험료를 더 낮출 수 있는데 굳이 높은 금액을 낼 필요는 없다. 이런 식으로 잘못 설계된 화재보험 계약이 숱하게 많았다.

그뿐 아니었다. 어처구니없게도 소재지가 잘못되어 있는 경우도 있었다. 가게와 가게 주인의 집주소가 다른데 보험계약서 소재지란에 집 주소를 기재한 경우다.

계악서에는 화재보험 대상물의 소재지, 우편물을 수령할 주소 등 주소를 적는 란이 여러 곳 있다. 계약자, 즉 가게 사장님은 별 생각 없이 우편물을 받을 주소를 소재지란에 적은 것인데, 영업자가 그 오류를 잡아내지 못한 것이다. 이런 경우 안타깝게도 보상을 못 받는다. 이는 치명적인 오류인데 놀랍게도 이런 식의 문제가 있는 보험계약서가 상당히 많았다.

때로는 가게 면적이 잘못 기재되어 있는 경우도 있었다. 계약할 때 사장님이 평수를 대충 말했는데 영업자가 명확하게 확인하지 않고 그대로 기입한 것이다. 그렇게 되면 건축물대장에 기재되어 있는 정확한 면적보다 계약서상 면적이 적거나 컸을 때 보상금액이 줄어들 수도 있다.

나는 가게마다 계약서를 꼼꼼하게 점검하고 건축물대장과 면밀히 비교한 후, 이런 잘못된 점들을 찾아내 찬찬히 알려드렸다.

"사장님, ○○화재 담당자에게 전화하셔서 이거는 꼭 고쳐달라고 말씀하세요."

"아이고, 고마워. 이석원 씨 아니었으면 보험금만 내고 보상은 못 받을 뻔했어. 큰일 날 뻔했네."

기존 계약자를 내 고객으로 만들 때 주의해야 할 것들

화재보험 개척영업을 다니던 초기에는 내 욕심 때문에 문제가 있는 보험계약서를 보면 "사장님, 지금 가입되어 있는 보험은 잘못되어 있으니 저한테 가입하세요"라고 제안하기도 했다. 그렇게 몇 번 제안을 한 후로 영 마음이 불편했다. 영업자로서 상도를 어기는 것 같고 내 양심이 편치 않았다. 그래서 이미 화재보험에 가입하신 분들에게는 성실히 상담하고 안내해주는 충실한 조언자 역할만 하기로 했다.

하지만 욕심을 버리자 더 많은 기회가 내게 찾아왔다. 조언자로만 머물겠다는 마음가짐이 오히려 더 많은 계약을 성사시켜준 것이다. 상담에 만족하고 감동한 사장님들이 인근 가게 사장님 등 자신의 지인들을 아주 많이 소개해주셨다.

"내 친구가 광교에서 호프집을 하는데 아직 화재보험에 가입을 안 했다네. 내가 이석원 씨 이야기해놨으니까 좋은 상품으로다가 골라서 찾아가봐요."

뿐만 아니라 상담 후에 본인의 계약을 스스로 해지하고 내게 연락해온 사장님들도 꽤 있었다.

"이석원 씨, 얼른 계약서 좀 만들어서 와요. ○○보험 담당자한테 전화를 했더니 며칠째 전화를 안 받아. 그래서 콜센터에 전화했더니 진즉에 그만두고 나갔다네. 아니 그렇게 평생 책임질 것처럼 말해서 가입을 시켜놓고선 그만둘 때는 어떻게 전화 한 통 안 하고 나간대? 어찌나 화가 나던지 나 거기 해약하려고 해요. 얼른 계약서 가지고 와 봐요."

DM 개척에 나섰던 수원 화서지역에서 계약한 24건 중 4건은 이렇게 기존 화재보험을 해약하고 내게 다시 계약하겠다고 해서 성사된 계약이었다.

영업을 하다 보면 그 달의 목표치에 급급해서 성급하게 욕심을 내는 경우가 있다. 하지만 좀더 멀리 내다보는 혜안을 가져야 한다. 당장의 계약에 연연하면 관계는 그 계약으로 끝나기 쉽다. 대신 고객에게 보험에 대한 나의 가치관을 명확히 심어주고, 그들이 기대하는 것 이상으로 서비스를 해서 실질적인 도움을 주면 그들을 통한 새로운 기회는 만들어지게 마련이다.

'고객들에게 어떤 가치를 추가로 제공해줌으로써 그들의 기대 이상으로 서비스한다.' 이것은 세계적인 베스트셀러 작가인 스펜슨 존슨의 책 《멀리 내다보는 세일즈맨》에 나오는 말이다. 나는 이 말을 영업자로서 갖추어야 할 태도로 삼고 있다. 초심을 잃어갈 때, 눈앞의 이익에 급급해 욕심이 앞설 때면 이 말을 떠올리며 좀더 멀리 내다보기 위해 애쓴다. 그리고 이제는 안다. 더 멀리 가기 위해서는 고객과 함께 가야 한다는 것을 말이다.

'지금은 여유가 없다'는
고객의 사정을
진심으로 응대하라

고객들을 만나 이야기를 나누다 보면 이미 보험에 가입해 있는 경우만큼이나 경제적 여유가 없어서 가입하지 못하는 경우가 많다. 유동인구가 많은 역전이어도 장사가 되는 곳과 안 되는 곳은 있게 마련이다. DM 개척으로 80~100여 군데를 영업하다 보면 매출이 적은 업장도 꽤 많다. 그런 가게 사장님들은 주변 가게들이 화재보험에 가입해 있는 것을 알고 있으며, 본인도 필요하다는 생각은 하고 있지만 장사가 잘 되지 않아서 못 드는 것이다.

"식당 하면서 불나는 거 걱정을 왜 안 하겠어요. 그런데 장사가 좀 돼야 보험도 들지. 매달 월세 내고 직원들 월급 주는 것도 빠듯한데 보험은 무슨… 숨 좀 돌리고 그때 들어야죠."

"누가 몰라. 돈이 없어서 못 드는 거지."

사장님들은 한숨을 쉬면서 내게 하소연하시곤 한다.

같은 종목 다른 식당의 사례를 제시하라

장사가 너무 안 돼서 보험에 가입할 여유가 아예 없는 곳은 후순위로 두지만, 어느 정도 직원이나 규모가 있는 업장의 경우는 포기하지 않고 꾸준히 제안한다. 첫 제안을 했을 때 '장사가 안 돼서, 돈이 없어서 보험에 못 든다'고 거절하면 나는 늘 이렇게 대응한다. 우선 상대방에게서 명함을 받고 나와서 가게 사진을 찍는다. 그런 다음 상담 내용을 구체적으로 기록해둔다. 그리고 2주 안에 제안서를 준비해 다시 방문한다.

"사장님, 지난번에 화재보험 말씀드렸더니 여유 생기면 그때 든다고 하셨죠? 저, 차 한 잔만 주시겠어요?"

사장님이 차를 준비하시는 동안 나는 제안서와 건축물대장, 그리고 작은 저금통 하나를 테이블 위에 올려놓는다.

"사장님, 제가 선물 하나 드릴게요. 열쇠가 달린 저금통이에요."

"뭘 이런 걸 다 주고 그래?"

"사장님 부자 되시라고요. 그리고 뭐 좀 여쭤볼 게 있어요. 이 가게는 테이블이 몇 개나 되나요?"

"응, 뭐 20개 정도 되지."

이렇게 대화할 분위기를 만든 후에는 그 가게와 동종업계 이야기를 건넨다. 만일 오늘 내가 제안하러 가는 곳이 감자탕집일 경우, 다른 지역에 있는 감자탕집에 대해 연구해서 그 가게 사장님의 스토리를 들려준다.

"사장님, 여기는 테이블이 몇 번 돌아야 순익이 나오나요?"

"뭐, 서너 번은 돌아야 나오지."

"그럼 한 테이블의 단가는 얼마나 되나요? 2~3만 원 정도 되나요?"

일식집은 테이블 단가가 5만 원, 김밥집은 몇 천 원, 감자탕집은 2~3만 원 정도 된다.

"성복동에 있는 ○○감자탕집이 제 고객인데요. 그 가게는 하루에 세 테이블 정도를 보험료로 저금을 하고 계세요."

"하루에 세 테이블이나? 그렇게나 많이?"

사실 하루에 세 테이블 정도를 보험료로 납부한다는 것은 상당히 높은 금액이다. 내가 동종업계 사장님들 이야기를 하는 것은 살짝 자존심을 자극하기 위해서다. 그리고 보험료를 제안할 때에는 일단 높게 시작해서 점점 낮추는 전략이 적중하기 때문이기도 하다.

"사장님, 그럼 일단 두 테이블로 내다가 장사가 좀 안 되면 한 테이블로 줄이셔도 돼요."

"그래도 비싸."

"그래요? 네네. 부담스러우시면 안 돼죠. 그럼 한 테이블만 하세요."

보험에 대한 니즈는 있지만 부담돼서 선뜻 가입을 하지 못하는 고객이 있다면, 이런 식으로 동종업계의 사례를 들려주면 계약 성사율을 높일 수 있다. 사람은 누구나 비슷한 여건의 사람들에게 가장 많은 호감과 질투를 느끼기 때문이다. 동네 삼겹살집에 가서 역전 대형 고깃집 이야기를 하면 어느 사장님이 내 이야기에 귀를 기울이고 공감해줄 수 있겠는가.

사업장의 안전은 내 몸의 건강과 같다는 의식을 심어줘라

화재보험에 대해 어느 정도 관심을 보이는 고객에게는 제안할 때, 상품 자체를 구체적으로 설명하기에 앞서 화재보험의 가치에 대해 이야기한다.

"사장님은 사업하시면서 가장 바라는 게 어떤 거예요? 장사가 잘돼서 자녀분들 공부 잘 시키고, 사모님이랑 노후 걱정 없이 사시길 바라는 거죠?"

이렇게 말하면 대부분 고개를 끄덕인다.

"사장님 그러기 위해서는 무엇보다 중요한 게 두 가지 있습니다.

제가 이 두 가지를 말씀드리는데도 공감하지 않으신다면 더 이상 보험 이야기는 하지 않겠습니다. 첫째 사장님이 건강하셔야 합니다. 아무리 장사가 잘 돼도 사장님 건강을 잃으면 아무 소용없어요."

상담하면서 〈생로병사〉 같은 건강 관련 프로그램의 한 토막을 보여드리며 건강의 중요성에 대한 공감을 불러일으키면 상담의 몰입도를 훨씬 더 높일 수 있다.

"두 번째는 뭔지 아세요?"

"글쎄….'

"바로 사업장의 안전입니다."

이 말을 듣는 사장님들은 대개 아무런 말씀을 하지 않으신다. 말이 필요 없는 사실이기 때문이다.

"만약 사장님 가게에서 불이 나면 건물에 난 피해를 사장님께서 원상복구하셔야 해요. 또 옆집에 옮겨 붙으면 그것도 사장님께서 책임지셔야 하고요."

이때는 제안서를 넘기며 근래에 있었던 인근의 화재 사진을 보여주며 다시 말을 잇는다.

"얼마 전에 ○○상가에서 불이 크게 난 거 아시죠? 40여 개 상가 중에 30여 개가 불이 났습니다. 그런데 그 상가의 가게 중에는 화재보험에 가입한 곳도 있었고 미처 들지 못한 곳도 있었어요. 화재보험에 가입하지 않은 가게의 사장님들은 어떻게 되셨을까요?"

이렇게 구체적인 사례를 들려주면 누구나 경각심을 갖고 적극적인 관심을 보인다. 자연스럽게 보험료에 대한 논의가 시작된다. 그러면 노트북을 꺼내 보험료를 이야기하는데 처음에는 하루에 9만 원 정도를 이야기하다가 5만 원, 3만 원으로 내려가고, 결국 1~2만 원 선에서 보험계약이 이루어진다.

간혹 그마저도 부담이 된다는 사장님들에게는 이렇게 이야기한다.

"사장님, 혹시 소주 드세요? 하루에 보통 한 병 드시죠? 아니면 담배 피우세요? 한 갑 정도 피우시죠? 제가 저금통 하나 드릴 테니 그 돈을 매일 여기에 넣어보세요. 어렵지 않으시죠? 그 돈이면 사장님 가게의 안전은 보장됩니다."

"뭐, 그럼 좋습니다. 합시다."

누구나 일상의 스트레스에서 벗어나기 위한 습관을 갖고 있다. 술, 담배, 군것질 등 매일같이 적은 금액을 지불하는 좋지 않은 습관이다. 상담을 할 때는 이런 좋지 않은 습관으로 지불하는 금액을 보험료와 연관시켜 제안하면 보다 쉽게 설득할 수 있다. 보험에 가입해서 몸과 가게의 건강도 도모하고 나쁜 습관을 버릴 수 있는 동기부여도 되기 때문이다.

'내 집도 아닌데 내가 왜?'라는
고객의 생각을 바꿔라

"화재보험 가입하셨어요?"

"우리 집도 아닌데 내가 뭐 하러 들어요?"

화재보험을 제안하면서 세 번째로 많이 접하는 거절의 유형이다. 이때도 물론 나는 같은 방식으로 대응한다. 명함을 받아 나와서 가게 사진을 찍고 그들과 나눈 대화를 빠짐없이 기록한다. 그리고 2주 안에 다시 찾아뵙는다.

"사장님, 지난번에 제가 왔을 때 내 가게도 아닌데 뭐 하러 화재보험에 드냐고 하셨는데요. 사장님이 조금 잘못 알고 계시는 점이 있어요. 제가 그 부분에 대해서만 간단히 말씀드리려고 합니다. 차 한 잔만 주세요."

사장님이 차를 준비하는 동안 나는 언제나처럼 테이블 위에 제안서, 건축물대장 그리고 부동산 임대차 계약서를 올려놓는다.

임대차 계약서의 조항을 고객에게 상기시켜라

"지난번에 사장님께서 우리 집도 아닌데 뭐 하러 보험 드냐고 해서 솔직히 깜짝 놀랐어요."

"왜요? 맞는 말 아닌가요? 불이 나면 집 주인이 보상해줘야지 세입자가 왜…."

"사장님, 가게 시작하실 때 부동산 임대차 계약서를 쓰셨죠? 혹시 이 양식 맞아요?"

세입자로 오랫동안 장사를 해오신 분들도 부동산 임대차 계약서 조항을 꼼꼼하게 점검하지는 않는다. 그래서 계약서를 보여주면서 화재 관련 부분 조항을 읽어주면 다들 놀란다.

"여기 5조를 한번 보세요. 사장님 가게에서 화재가 나서 건물에 손해가 나면 가게를 빼실 때 보증금에서 그 손해금액만큼을 제하고 돌려받으세요. 가령 2,000만 원 손해를 끼쳤다고 하면 가게를 옮기실 때 건물주가 보증금에서 2,000만 원을 제하고 반환해도 사장님은 아무 말도 못하시는 거예요."

"뭐? 뭐라고? 보증금에서 제한다고?"

대개의 사장님들은 믿을 수 없다는 반응을 보이면서 임대차 계약서를 두 손에 들고 제5조를 한 자 한 자 빼놓지 않고 읽어내려 간다. 5조의 내용은 이렇다.

제5조

1항. 임대차 계약이 종료된 경우 임차인은 위 부동산을 원상으로 회복하여 임대인에게 반환한다.

2항. 제1항의 경우, 임대인은 보증금을 임차인에게 반환하고 연체임대료 또는 손해배상 금액이 있을 때는 이들을 제하고 그 잔액을 반환한다.

사장님들이 놀란 표정으로 조항을 읽는 동안 나는 제안서 중에서 화재 모습이 생생하게 담겨 있는 페이지를 펼친다. 이렇게 제안서에 화재 사진을 넣을 때도 나만의 원칙이 있다. 반드시 동일한 업종 가게의 화재 사진을 넣는다는 점이다. 치킨집에 제안하러 갈 때에는 치킨집에 불이 난 사진을 넣고, 횟집에 제안하러 갈 때에는 횟집 화재 사진을 넣는다. 그러면 화재 위험과 피해에 대한 경각심이 더 강하게 형성되기 때문이다. 당구장에 제안을 하러 가면서 미용실에 불이 난 사진을 보여주면 상대적으로 경각심은 줄어든다.

치킨집 사장님께 제안을 할 때는 다른 치킨집 화재 사진을 보여주었다.

"튀김유가 과열되어서 불이 났다고 하더라고요."

"쯔쯧. 그럴 수 있지."

"사장님 혹시 바쁘실 때는 직접 치킨 배달도 가시죠? 그때 튀김기 불을 꺼놓고 가세요?"

"아유, 솔직히 늘 그럴 수는 없지. 그래서 사실 불이라도 날까봐 걱정은 하지."

보험은 단지 물건을 파는 것과는 다르다. 당장의 쓰임으로 돈을 지불하고 사는 게 아니라 미래에 일어날 위험에 대비하기 위해 저축을 하는 것이다. 상품의 쓰임과 가치가 다르다. 그래서 상대적으로 비용 지불에 망설이는 측면이 있는데 이럴 때일수록 왜 가입해야 하는지 그 이유를 제대로 짚어주어야 한다. 이때 현혹시켜서는 안 된다. 보험에 가입해야 하는 이유 즉, 팩트를 구체적이고 사실적으로 들려주고 잘못 알고 있는 부분을 제대로 인식시켜주어야 한다. 그게 영업자의 첫 번째 임무다.

동종업계의 전문상식과 용어로 설득시켜라

영업은 설득의 과정이다. 특히 화재보험영업을 할 때 가장 좋은 설득법은 동종업계의 전문용어(이를 필드용어라고 한다)를 익혀서 그들만의 상식을 바탕으로 대화를 이어나가는 것이다. 횟집이나 치킨집의 경우 '몇 마리를 판다'는 말 대신 '몇 마리를 친다'라는 말을 종종 쓴다. 그래서 횟집 사장님과 치킨집 사장님에게 제안을 할 때면 그들에게 익숙한 용어로 대화를 풀어나간다.

"사장님, 제 고객 중에서 ○○치킨 ○○지점이 있는데요. 거기는 하루에 200마리 친다고 하더라고요. 많은 편이죠? 사장님은 보통 하루에 몇 마리 치세요?"

이렇게 이야기하면 하루 평균 100마리를 파는 사장님도 조금 올려서 이야기한다.

"우리는 뭐 130마리 정도 치지."

"사장님네도 많이 치시네요. 그 ○○치킨 사장님은 하루에 세 마리를 화재보험료로 저축하세요. 사장님도 그렇게 한번 해보세요."

처음에는 3마리에서 시작한 계약은 보통 2마리에서 1마리로 내려가면서 성사된다. 물론 가게 사정에 따라 반 마리까지 내려가는 경우도 있다.

횟집 사장님께는 횟집 화재 사진을 보여주며 이렇게 이야기를 꺼낸다.

"당수동에 있는 횟집에서 불이 났거든요. 수족관 산소발생장치에서부터 불이 난 걸로 추정하더라고요. 가게 장사가 끝나고 고기를 수족관 하나로 몰고는 그 빈 수족관 히터봉을 끄지 않았대요."

"아이구, 나도 늘 그걸 신경 써. 고기를 한 데 모으고 나면 빈 수족관은 히터봉이랑 산소봉을 꼭 꺼야 해. 그런데 깜빡할 수 있지."

보통 횟집마다 수족관이 서너 개 있다. 수족관의 앞과 옆은 유리로, 바닥은 플라스틱으로 되어 있다.

그 바닥에는 겨울에 수족관 물이 어는 것을 방지하기 위해 히터선이 설치되어 있고, 수족관 내 산소 공급을 위한 산소선이 있다. 보통 횟집은 장사가 끝나면 전기세를 줄이기 위해 수족관 서너 군데에 나눠져 있던 고기를 한군데로 모은다.

"글쎄 손해가 6,000만 원어치나 났대요."

"아이고, 그게 그렇게 큰일이 돼버리는구먼."

"네, 그래서 화재보험은 가입하시는 게 여러모로 좋아요."

"그걸 누가 몰라. 보험 들 여유가 없으니까 그러지."

이렇게 동종업계의 화재사건을 이야기하면서 경각심을 불러일으키면 보험금을 비롯해서 구체적인 제안을 하기가 수월해진다.

"제가 아는 ○○수산은 하루에 광어를 100마리 친대요. 사장님은 몇 마리나 치세요? 그 사장님은 그중에 3마리를 보험금으로 저금하거든요. 사장님도 한두 마리는 저금하세요."

마찬가지로 3마리에서 시작한 제안은 1마리가 되고, 대부분 계약으로 이어진다. 물론 공기밥 한 그릇까지 내려오기도 한다.

사장님들과 이렇게 동종업계의 사정을 두루 이야기하면서 영업을 하다 보면 나 역시 업황에 대한 관심도 더 커지고 사장님과 가게에 대해서도 더 깊이 공감하게 된다. 영업이란 사람이 하는 일인 만큼 시간과 신뢰를 바탕으로 쌓아나가는 '정(情)'으로 성사되는 것임을 잊어서는 안 된다. 그래야 일을 하면서 만나는 고객에게 겪는 좌절을 다른 고객과 쌓은 신뢰와 정으로 극복하고 계속해나갈 수 있다.

화재보험영업을 할 때 알아야 할 10계명

제1계명
내가 갑인 상황을 만들어
명함 주는 연습을 하라

신입 영업자들은 모르는 사람에게 내 명함을 주는 것도 힘들다. 그럴 때는 내가 '갑'인 상황에서 명함을 주는 연습부터 하라. 편의점에서 물건을 사거나 주유소에서 기름 넣은 후 계산하면서 주거나, 식당에 들어가 회식 장소를 물색한다고 하면서 주면 다 잘 받아준다. 이런 상황에서 연습을 하다 보면 다른 상황에서도 당당하게 명함을 건넬 수 있게 된다.

제2계명
DM은 특정 대상에게
규칙적으로, 가능한 오랜 기간 보내라

DM은 한번 시작한 곳에서는 가능한 한 오랫동안 해야 한다. 불특정 다수 상대로 길에서 돌리는 것은 아무런 의미가 없다. 내가 만든 리플릿을 보고 보험에 대한 필요성을 깨달았다고 해도 이미 알고 있는 보험영업자나 지인을 통해 영업자를 소개받아 그들에게 가입한다.

나는 도청 정문이나 법원 사거리의 일정 지점에서 삼성화재 어깨띠를 두르고 지속적이고 규칙적으로 나눠주었다. 화요일 아침 8시부터 9시까지로 정해놓고 비가 억수같이 쏟아지는 날도, 폭설이 내리는 날에도 어김없이 나갔다. 그렇게 몇 달 하면 리플릿을 받지 않던 사람들도 어느새 나를 '아는 사람'처럼 대하며 마음을 열고 받는다.

제3계명

✓ **개척일지는 상담이 끝나자마자 작성해서
고객관리 프로그램화하라**

개척일지는 상담을 끝내고 나오자마자 바로 작성하라. 상담을 2건 이상만 해도 혼동이 되고 잊어버리게 된다. 나는 작은 다이어리에다 1차적으로 그들과 나눈 이야기를 적는다. 심지어 화재보험에 이미 가입했다고 한 고객과의 상담내용도 기록한다. 그들을 배제하면 내 시장은 그만큼 작아진다.

새 제안을 한 경우에는 어떤 보험을 권유했고 반응은 어땠는

지도 메모한다. '탁상용 달력 좀 있으면 달라', '보험증서 잃어버렸는데 다시 좀 갖다 달라' 등 아주 상세한 내용까지 적어둔 후 사무실에 와서는 컴퓨터로 고객관리 프로그램에 옮겨 기록한다.

그렇게 한 줄 한 줄 쌓인 상담일지는 영업자에게 더없이 값진 데이터가 된다.

제4계명

윈윈 협력자를
많이 만들어놓아라

화재보험 개척에 주요한 협력자 중 하나가 주류회사나 인테리어회사 등에 있는 지인이다. 식당을 개업할 때 가장 먼저 접근하는 곳이 주류회사와 인테리어회사기 때문이다. 즉 그들은 새로운 식당이 생기는 정보를 누구보다 빨리 알고 있다. 주류회사와 인테리어회사에 따로 지인이 없다면 직접 찾아가는 것도 방법이다. 새로 오픈하는 식당을 알려주는 것뿐 아니라 내 고객 식당들도 많이 소개해주겠다고 제안하면서 윈윈 관계를 맺어라. 지금까지 이런 제안을 했을 때 거절 당해본 적은 한 번도 없었다.

인사만 잘해도
성공한다

나는 개척영업 초기에 '인사하며 10초 버티기' 원칙을 세웠다. "사장님, 안녕하십니까?" 하고 우렁차게 외친 후 머리를 숙이고 10초 동안 머물다가 일어서는 것이다. 10초는 사실상 길다. 10초 동안 허리를 굽히고 있기란 어색하다. 하지만 10초를 기준으로 삼으니 3초, 4초 동안 굽히고 있게 되었다. 내게 보험을 가입한 어느 사장님은 나에게 '올 때마다 남들보다 공손하게 인사하는 모습이 인상적이었다'고 했다.

제6계명

화재보험 0순위 고객 접근은
주택보다 상가다

화재를 목격한 사람의 경우 불에 대한 경각심이 크고 화재보험에 대한 니즈도 강하다. 그런데 주택화재 현장은 개척이 어렵다. 가가호호 방문해도 문을 잘 열어주지 않고, 기계약 보험 담당자에게 연락하는 게 태반이다. 우편함에 전단지를 꽂아놓아도 연락해오는 사람은 없다. 즉, 영업의 효율성을 높이기 위해서는 주택보다 상가가 좋다. 상가는 늘 오픈이 되어 있어서 방문하기도 수월하다. 무엇보다 생계가 걸려 있기 때문에 안

전장치에 대한 니즈가 강하다.

임대차 계약서를
그 자리에서 보여줘라

임대차 계약서를 보여주면서 제5조의 내용인 '임대차 계약이 종료된 경우, 임차인은 위 부동산을 원상으로 회복하여 임대인에게 반환한다. 임대인은 보증금을 임차인에게 반환하고 연체임대료 또는 손해배상 금액이 있을 때는 이들을 제하고 그 잔액을 반환한다'를 읽어주면 사장님들은 놀라면서 임대차 계약서를 꼼꼼히 읽어내려간다.

이렇게 임대차 계약서를 보여주면서 그동안 방심하고 있거나 잘못 알고 있었던 부분을 정확히 짚어주면, 보험에 대한 니즈는 훨씬 더 강해져서 계약이 성사될 확률도 높아진다.

건축물대장부터 확인하고,
제안서엔 동종업계 화재 사진을 넣어라

명함에 적힌 가게 주소로 등기부등본 건축물대장을 조회하라. 건축물대장을 검색해 해당 건물이 몇 급인지 알아본 다음 1급 건물을 1순위 타깃으로 삼아 화재보험을 제안하라. 이때도 자신만의 원칙이 있어야 한다. 나는 제안서에 동종업계의 화재 사진을 넣는다. 그러면 화재 위험과 피해에 대한 경각심이 더 강하게 형성된다.

제9계명
**제안할 때는
동종업계의 전문용어를 사용한다**

화재보험 제안을 하는 자리에서는 동종업계 화재 사진을 보여주면서 경각심을 불러일으킨다. 뿐만 아니라 동종업계 종사자들이 주로 쓰는 '필드 용어'를 익혀서 대화를 이끌어나간다. 그러면 사장님들의 관심도도 높아지고 그들의 업황에 대한 보다 자세한 이야기도 더 들을 수 있다. 무엇보다 보험 가입의 성공 확률이 높다.

제10계명
**고객이
다른 담당자를 찾게 하지 마라**

고객이 현재 다른 보험 담당자가 있다 해도 화재보험을 떠올리면 자연스레 나를 떠올릴 수 있도록 하라. 이때 강조하는 것이 하나 있다. 바로 내가 늘 이 동네에 머물면서 영업을 하고, 집과 회사도 근처라서 언제나 필요할 때면 가장 먼저 와서 신

속하게 처리해줄 수 있다는 점이다. 그렇게 강조하면서 도움
을 주게 되면 언젠가는 나의 고객이 된다.

CHAPTER 03 한번 맺은 인연,
평생 이어가는 비결

고객을 상품 하나 팔면 그만인 대상으로 여겨서는

절대 성공하는 보험영업자가 될 수 없다.

우리가 하는 일은 사람을 위한 일이며, 사람이 하는 일이다.

고객 입장에서 생각하고 늘 진심으로 대하라.

그러면 고객 역시 나를 진심으로 대한다.

THE POWER OF
SINCERITY

기존 고객 AS컨설팅은
영업의 든든한 날개다

2011년 말이 되자 내 연봉은 1억 8,000만 원에 도달해 있었다. 나에게는 새로운 목표와 도전이 필요했다. 2012년 용의 해, 둘째 아이가 태어나는 그 해를 남다른 목표로 시작해보고 싶었다. 그래서 나는 희망연봉을 더 높이고 새 마음 새 뜻으로 다시 한 번 힘차게 도약해 나가자고 스스로에게 다짐했다. 당시 내가 목표로 삼은 연봉은 2억 5,000만 원이었다.

이 연봉을 달성하기 위해서는 무조건 일을 많이 하고 사람을 더 많이 만나야 한다. 개척영업도 더 활발히 해야 하고 지인 소개도 더 많이 받아야 한다. 한마디로 지금보다 더 일찍 하루를 시작해 단 일 분일 초도 허투루 쓰지 않고 전략적으로 활용해야 하는 것이다.

보험영업은 일단 사람을 만나면 일거리가 생긴다. 당장 나와 계약을 하지 않더라도 일단 만나고 나면 그는 나와 인연을 맺은 것이고, 그 인연을 통해 연결고리가 될 만한 또 다른 사람들을 소개받을 수 있기 때문이다. 무조건 부지런히 많이 만나다 보면 기회는 생기게 마련이다.

기존 고객들을 위한
이벤트를 만들어라

'어떻게 해야 사람을 더 많이 만날 수 있을까?'

새 목표를 달성하기 위한 방법을 고민하던 어느 날, 나는 우연히 자동차의 트렁크를 열어보게 되었다. 보험영업을 하는 사람의 트렁크는 대개가 비슷비슷하다. 고객들에게 나눠줄 선물들, 계약한 고객에게 주려고 챙겨놓은 채 주지 못한 보험증권들이 쌓여 있다. 그런데 3개월, 6개월, 길게는 1년여 전에 계약한 보험증권들도 있었다. 그것들을 보고 있자니 미처 끝내지 못한 숙제를 발견한 것처럼 마음 한구석이 무거웠다. 한동안 트렁크 구석구석을 훑어보고 있었다. 그때 갑자기 새로운 아이디어 하나가 번뜩 떠올랐다. '유레카!'를 외치고 싶은 심정이었다.

'그래! 이 고객들을 다시 만나봐야겠다.'

새로운 고객을 찾아나서는 대신 기존 고객을 만나 AS컨설팅을 해야겠다고 생각하며 황급히 사무실로 올라왔다. 나는 책상에 앉아 기존 고객들의 명단을 살펴보면서 어떻게 하면 이들을 다시 만날 수 있을까를 고민하기 시작했다. 그러던 중 우연히 사무실 한쪽 벽에 붙은 '삼성화재 60주년 이벤트' 포스터를 보게 되었다. 당시는 회사 창립 60주년의 해였다. 그래서 회사에서 영업자들을 대상으로 이벤트를 계획했는데, 목표를 달성한 영업자에게는 용의 해를 맞아 용무늬가 새겨진 금 10돈을 주는 등 어마어마한 사은품을 준비한다는 것이었다.

그 순간, 나는 주차장에서 떠올렸던 아이디어를 좀더 구체화시킬 안이 생각났다. 회사에서 직원들에게 60주년 이벤트를 하는 것처럼 나도 고객에게 60주년 이벤트를 해보자는 아이디어가 떠오른 것이다. 당시 나와 보험계약을 한 고객은 2,000명이 넘었다. 나는 그들에게 60주년 특별 이벤트로 보험 AS를 해주고 특별 선물도 준비하기로 했다.

AS컨설팅은 내가 직접 기획한 이벤트로, 고객을 다시 만나기 위한 수단이다. 가전제품은 고장이 난 후 AS를 하면 수리할 수 있지만 보험은 사고가 난 후에는 이미 늦다. 소 잃고 외양간 고치는 격이 되고 만다. 그래서 일이 터지기 전에 수시로 AS를 해야만 고객들이 제대로 보상을 받고 보험에 대한 믿음도 갖게 된다.

이벤트 기획이 완성된 후에는 고객들에게 부지런히 전화를 했다.

하지만 무작정 전화를 하지는 않았다. 수많은 고객에게 비슷한 내용으로 전화를 해야 하는 만큼 사전에 치밀하게 시나리오를 짜놓아야 한다. 나의 시나리오는 다음과 같다.

기존 고객이라 해도 철저한 사전준비 없이는 연락하지 마라

오랜만에 고객에게 연락을 할 경우에는 우선 전화를 건 목적을 분명하게 전달해야 한다. 그냥 안부를 묻는 전화를 할 경우 고객들은 대부분 의아해하거나 부담스러워한다. 그러므로 AS컨설팅 등 분명한 목적을 갖고 연락을 하는 게 좋다. 또 고객과의 상담 전에 그동안 보험과 관련해서 고객에게 어떤 변화가 있었는지 파악할 수 있도록 고객 정보 동의도 받아야 한다.

영업자 : ○○고객님, 안녕하세요? 잘 지내셨죠? 덕분에 저도 잘 지내고 있습니다. 전화 드린 이유는 다름이 아니라 저희 삼성화재가 올해 60주년을 맞았습니다. 고객님들 덕분에 성장한 만큼 감사인사도 드릴 겸 2년에 한 번씩 하는 AS상담차 전화를 드렸습니다. 다음 주 중 괜찮으신 날 오후에 찾아뵈려고 하는데 언제가 편하시겠습니까?

고객 : AS상담이요? 그게 뭔데요?

영업자 : 아, 네. 직접 찾아뵙고 자세히 설명 드릴게요. 보험 가입 후에 해드리는 일종의 서비스라고 보시면 됩니다. 그런데 제가 찾아뵙고 설명을 드리려면 고객님의 정보 동의가 필요합니다. 통화 중에 문자메시지를 확인하시는 게 가능하시면 고객동의서 인증번호인 숫자 6자리를 좀 불러주시겠어요? 아니면 제가 3분 후에 다시 전화드릴게요. 메모해두셨다가 좀 가르쳐주세요."

고객으로부터 정보 동의를 받는 이유는 보험 내역을 조회해보기 위해서다. 고객의 동의가 없으면 보험 가입 내역 전부를 조회할 수 없고, 금융감독원을 통해서 실손의료보험에 대해서만 조회가 가능하다. 이렇게 상담 전에 일정 부분의 보험 가입내역만 조회해봐도 고객에 대한 여러 가지 힌트를 얻을 수 있다.

그리고 고객을 만나 상담을 하기 전에는 어떻게 이야기를 건넬지에 대한 시나리오도 분명히 짜놓아야 한다.

영업자 : 제가 지난번 전화 통화할 때 삼성화재 60주년을 맞아서 고객님에게 AS상담을 해드린다고 했었죠? 고객님 ○○년 ○월에 ○○보험에 가입하신 거 기억하세요? 혹시 상품에 대해서 구체적으로 기억하십니까?

고객 : 글쎄요. 워낙 오래 전에 가입해놓은 거라 구체적인 내용은

생각이 잘 안 나네요.

영업자 : 물론 그러시겠죠. 당시에 꼼꼼히 살펴보셨어도 시간이 지나면 잘 기억이 안 나게 마련입니다. 다른 고객님들도 다 그러세요. 그래서 제가 다시 한 번 AS상담을 해드리려고 왔습니다. 부담스러워하지 마시고 혹시 궁금하신 점 있으시면 중간에 질문해주세요.

이렇게 방문 목적을 밝힌 후 상품별로 가입금액과 구체적인 보장 내역을 찬찬히 짚어주고, 현재 상황에서 부족한 부분이 무엇인지에 대해서도 꼼꼼히 확인해서 알려준다. 또한 보험료 갱신에 대해서도 확실히 설명하고 고객의 확인까지 받는다. 마지막으로는 고객으로부터 '설명들었음'에 대한 확인도 받는다.

AS컨설팅, 영업의 든든한 날개이자 뿌리가 되어준다

오랜만에 고객을 다시 만나보면 고객의 신변에도 많은 변화가 일어나 있다. 나이가 들수록 주변에 아픈 사람이 많아진다. 암에 걸린 지인, 사고로 죽은 친구, 지병으로 돌아가신 부모님이 생기게 마련이다. 미혼이었던 고객은 결혼해서 부모가 되어 있다. 이렇게 미혼 고객이 결혼해서 가정을 이루면 추가로 변경할 것들이 무궁무진하게 늘어난다. 미혼 시절에는 사망보험금에 대한 니즈가 없지만 결혼하고 나면, 특히 자녀가 생기면 사망보험금에 대한 니즈가 커진다. 이런 경우 사망보험 추가를 고민해보라고 권유할 수 있다.

그리고 보험 갱신이나 보험정책 변화에 대해서도 자세히 알려준다. 지금은 태아 때 가입한 보험이 100세까지 그대로 유지되지만, 예전에는 태아보험과 어린이보험의 경우 15세가 되면 성인보험으로 갈아타야만 했다. 그래서 AS상담을 할 때 어린이보험을 성인보험으로 바꿀 시점에 대해서도 고객 입장에서 세세하게 비교 분석해서 설명한다.

실비보험은 예전에는 치료나 입원시 내가 부담하는 금액을 전부 다 줬다. 하지만 보험회사가 90퍼센트를 지급하고 환자가 나머지 10퍼센트를 부담하는 것으로 바뀌었다가, 지금은 보험회사가 80퍼센트를 지급하고 환자가 20퍼센트를 부담하는 것으로 바뀌었다. 고객들에게 이런 변화상황과 경향을 알려드리면서 앞으로는 보험회사가 70퍼센트, 환자가 30퍼센트 부담하는 조건으로 바뀔 수도 있으니 지금 가입하는 게 낫다는 사실을 강조한다.

암보험을 든 고객에게는 보상금을 1년치 연봉 정도로 높이시라고 권유한다. 요즘 암은 수술과 치료를 통해 완치율이 높아지고 있지만, 한동안 경제활동을 할 수 없음을 감안한다면 보상금을 좀더 높일 필요가 있기 때문이다. 이렇게 제안할 경우 상당수의 고객이 그 자리에서 추가 계약을 한다. 뿐만 아니라 AS상담을 통해 다른 가족의 신규 계약을 체결하는 경우도 많다. 그중 자녀보험이 가장 많고 그다음으로 배우자 계약이 많다. 고객들은 바로 계약을 하지는 않더라도 "우리 와이프 여성질환 관련한 추가 약정 좀 뽑아다 주세요." "저희 남편이 제대로 된 보험이 없는데 상담 좀 할 수 있을까요?" 등의 문의를 적극적으로 해왔다.

이렇게 새 계약을 하면서 고객들은 외려 나에게 이구동성으로 "고맙다"고 말했다. 그리고 이렇게 관리해주는 사람이 어디 있겠냐며 주변 사람들에게 나를 더 많이 소개해주셨다. AS상담은 오랜만에 만나는 고객들과의 신뢰를 더 돈독히 할 뿐 아니라, 수많은 고객들의 지인을 소개받는 등 내 영업에 새로운 날개를 달아주었다.

그렇다면 AS상담은 어떤 마음가짐으로 해야 할까? 우선 AS상담은 순수하게 고객중심의 상담임을 명심해야 한다. 그러므로 조급한 마음은 내려놓고 가는 게 가장 중요하다. 나는 고객들이 나를 보험영업자가 아닌 '위험 관리자'라고 여기기를 바란다. 고객이 언제 어디서든 스스럼없이 나를 찾는 관계 말이다. 고객이 내 전화를 부담스러워하는 영업자가 되고 싶지는 않다. 그러기 위해서는 새 상품이 나올 때만 연락해서는 안 된다. 고객이 자신의 보험내용을 잊을 때쯤 연락드려서 그간의 변화된 상황에 대해 설명해드려야 한다. 내가 늘 고객의 보험계약에 대해 관심을 갖고 있음을 보여주어야 한다.

오늘날 내가 보험영업을 천직으로 생각하고, 후배들에게도 본보기가 되는 선배 영업자가 될 수 있었던 것은 모두 고객들 덕분이다. 그들은 내가 힘들 때 용기와 희망을 주고, 때로는 채찍질을 해주어 마음을 다잡게도 해주었다.

고객을 영업의 수단으로만 생각한다면 절대 보험영업은 천직이 될 수 없다. 그들과 함께 윈윈한다는 사명을 가져야 한다. 인연은 늘 새로운 인연과 가능성을 만들어준다. 당장 실적에 도움을 주지 않는 인연일지라도 소중히 여기고 가꿔나가야 한다. 사람 만큼 소중한 자산은 없다.

민원 제로 영업자는
무엇이 다를까

"보험료가 올랐던데 왜 미리 통보도 안 하고 그냥 막 올리는 겁니까? 갱신보험료는 왜 이렇게 많이 올라요? 그리고 제가 갱신보험료를 언제 80세까지 낸다고 했어요?"

"아니, 나는 보험에 가입한 적이 없는데 어째서 내 명의로 보험이 계약되어 있습니까? 보험계약서를 본 적도 없고, 사인한 적도 없는데 보험금이 따박따박 빠져나가고 있다는 게 말이 됩니까?"

"10년 가까이 보험금 내고 있는데 이거 하나 제대로 보상을 못 받는다고요? 이럴 거면 뭐 하러 보험을 듭니까? 밑 빠진 독에 물 붓기지. 제길."

보험영업을 하다 보면 수많은 민원에 시달리게 된다. 새 계약에 연연해하면서 기존 고객 AS상담을 소홀히 하면 이런 민원 때문에 속앓이를 하게 마련이다.

고객들은 보통 보험계약을 할 때에는 보장내역과 보험료에 대해 꼼꼼히 체크하고 잘 모르는 부분에 대해서는 질문도 하지만, 통계적으로 6개월이 지나고 나면 대부분 구체적인 내역은 잊는다. 그 사이 한번이라도 보장받은 고객, 즉 보험금을 지급받은 고객도 보장을 받은 해당 부분에 대해서는 비교적 잘 기억을 하지만 다른 내용에 대해서는 제대로 기억하지 못한다. 보험료 갱신에 대해서도 강조하고, 보상이 안 되는 부분에 대해서도 꼼꼼히 설명해드려도 시간이 지나면 까맣게 잊는 것이다.

고객 민원 NO.1
보험료 갱신 민원

민원 중 가장 많은 것은 단연 보험료 갱신에 관한 것이다. 보험료 갱신 때문에 민원이 빗발치자 최근에는 1년마다 보험료가 갱신되는 게 일반화되었다. 하지만 그 전에는 보통 3년, 5년마다 갱신되었다. 그래서 계약 후 3년이나 5년이 지나 보험료가 오른 것을 확인한 고객들은 대부분 항의를 해왔다.

일단 민원이 들어오면 영업자는 심리적으로 위축되게 마련이다.

그러다 보니 문제를 해결하려고 노력하는 대신 회피하려고만 든다.

영업자 중에서는 고객으로부터 민원이 들어오면 그 고객의 전화는 일단 피하고 보는 이들도 있다. 고객은 몇 번이나 담당자에게 연락을 하다가 통화가 되지 않으면 더 크게 화를 내게 되는데, 이렇게 일이 커지면 담당자는 더 심하게 속앓이를 하다가 심하면 도망쳐버리고 싶은 충동까지 느끼게 된다.

이처럼 민원이 들어오면 '피하는 게 상책'이라고 생각하는 영업자는 이 일을 결코 잘할 수 없고 오래 할 수도 없다. 계약건수에만 급급해서 신규계약에만 몰두하고 AS는 나 몰라라 한다면 어떤 고객이 자신을 믿고 보험을 유지해주겠는가. 유능한 보험영업자는 신규 보험 계약률을 유지하는 것 못지않게 민원이 발생했을 때 성심껏 최선을 다해 해결해내는 것을 중요하게 생각한다.

나도 보험료 갱신 때문에 민원을 겪은 적이 있다. 하지만 곧바로 대응했다. 고객이 민원을 제기했다는 소식을 듣자마자 바로 고객에게 연락을 드리고 직접 만났다. 그때 내가 문제를 해결하는 데 가장 주안점을 둔 부분이 '고객의 입장'이었다.

"고객님, 이 부분은 계약할 때 영업자가 반드시 고객님께 말씀을 드리게 되어 있습니다. 저는 분명히 말씀을 드렸지만, 아무래도 5년이나 지나다 보니 잊어버리신 듯합니다. 당연합니다. 제가 갱신되기 전에 미리 연락을 드려서 상기시켜드렸어야 했는데 죄송합니다."

이렇게 내 쪽에서 먼저 죄송하다는 말을 하면 고객의 화는 다소 누

그러진다. 그리고 난 후 보다 구체적으로 해당 내용을 전달해야 한다.

"그런데 이 갱신 부분은요, 고객님이 선택하시는 겁니다. 선택 안 하셔도 돼요. 강제사항이 아닙니다. 즉 보험료가 갱신되는 이 항목을 빼셔도 됩니다. 고객님이 이 항목을 보장받길 원하신다면 유지하시고, 필요 없다고 생각하시면 이 항목만 빼고 기존 보험을 유지하셔도 됩니다."

이렇게 말하면 고객들의 반응은 대개 비슷하다. 보험계약 후 한 번이라도 보장을 받은 고객들은 보험료를 선뜻 갱신하지만, 보장을 받은 적이 없는 고객들은 빼달라고 한다. 그러면서 그냥 계약한 대로 보험료가 유지되면 좋을 텐데 왜 이렇게 갱신을 하는 거냐고 재차 묻는다. 아무리 설명을 해도 고객 입장에서 '보험료 갱신'은 부당하게 느껴지게 마련이다. 그래서 다시 한 번 고객의 입장에서 최대한 쉽고 자세하게 설명해준다.

"고객님의 계약 당시 나이와 건강상태를 감안해서 5년간 보험료를 동일하게 유지한 것입니다. 그러니까 보험회사가 고객님의 위험 수준을 '5년 동안은 일정한 수준'으로 판단한 거예요. 그런데 장기적으로 보면 보험료 갱신이 고객님 입장에서도 유리하세요. 보험료가 저렴하거든요. 5년 후 보험료가 갱신되는 조건으로 지금 가입하는 보험료가 1만 원대인데 반해, 중도에 보험료가 갱신되지 않는 20년납 보험의 보험료는 5만 원 상당이에요. 향후 20년간의 위험까지 감안해서 산정된 금액이거든요."

이렇게 설명을 하면 대부분 고객들은 보험료 갱신에 대한 개념을 제대로 이해했다는 듯 고개를 끄덕인다.

고객 민원 NO.2
자동차보험의 과실률에 관한 민원

"가만히 세워져 있는 차를 들이받은 건 저쪽인데 왜 나한테도 과실이 있을지도 모른다고 하는 거예요? 블랙박스 확인해보면 알 거 아니에요. 내 차는 주차되어 있었다고요."

어느 날 고객으로부터 자동차 사고를 당했으니 급히 와달라는 요청을 받았다. 그럴 때 나는 가능한 빨리 현장으로 출동한다. 당시 고객의 차는 주차되어 있었고 상대방 차가 와서 들이받은 상황이었다.

그런데 상대편 보험회사 직원이 내 고객에게도 과실이 있을 수 있으니 확인이 필요하다고 한 것이다. 고객의 입장에서는 '마른하늘에 날벼락'인 상황이다.

하지만 주차하면 안 되는 곳에 주차를 해놓았거나 주차라인을 지키지 않았을 경우에는 본인에게도 일부 과실이 있다. 도로 운행 중 사고가 나도 마찬가지다. 상대방 보험회사 직원은 보험금을 조금이라도 줄이기 위해 피해차량의 운전자가 차선 위반을 하지는 않았는지, 깜박이를 켜지 않은 건 아닌지 등을 따져서 과실을 묻는다.

이런 경우에는 가급적 단정적인 판단을 자제하고 고객에게도 잘잘 못을 가려내는 말은 삼가야 한다. 사고 발생 후 고객들은 현장에 출동한 보험회사 직원의 말 한마디에 무척 민감해한다. 물론 최선을 다해 내 고객의 입장을 감안해 대변하는 건 기본이다.

"고객님 많이 놀라셨죠? 제가 보기엔 저쪽이 사고를 유발한 것으로 보입니다. 그런데 상대방 보험회사에서 고객님의 주차 위치에 대해 문제 삼을 여지도 있다는 점은 기억해주세요. 제가 최대한 고객님에게 유리하도록 처리해보겠습니다."

자동차보험의 민원 중 대다수가 이런 과실률에 관한 것이다. 사고를 당한 사람 입장에서는 피해를 입은 것도 화가 나는데 과실에 대한 책임을 물으니 어처구니없고 화가 날 수밖에 없다. 이럴 때일수록 현장에서는 급작스럽게 사고를 당한 고객의 마음을 진정시키는 게 급선무다. 그리고 난후 과실률에 대해 따지는 과정에서 고객에게도 사소한 책임이 부과될 수 있음을 인지시켜주어야 한다.

고객 민원 NO.3
영업자의 실수로 인한 민원

고객의 민원 중에는 종종 영업자의 계약상 실수로 인해 발생하는 민원도 있다. 그중 계약자 본인으로부터 직접 서명을 받지 않아 생기는 민원도 상당수다. 가령, 아내가 남편을 대신해서 남편 이름으로 보험을 가입하는 경우가 있다. 당연히 보험계약서에는 계약자 본인의 사인이 기재되어야 한다. 그런데 영업자가 생각을 잘못해서, 혹은 당장 계약건수를 올리는 데 급급해서 당사자인 남편 대신 아내가 사인을 하는 경우가 있다.

몇 년 후 남편이 보험회사를 상대로 '보험계약을 한 적이 없음'을 항의할 경우, 보험회사는 절차적인 잘못으로 인해 그동안 받은 보험료를 모두 돌려줄 의무가 있다. 그 계약을 성사시킨 영업자는 그동안 받은 수수료를 모두 회사에 환불해야 한다. 이처럼 계약절차상의 사소한 실수도 영업자에게는 훗날 큰 문제가 되곤 한다.

지금까지 내가 보험영업을 하면서 겪은 민원은 3건이다. 이때 나는 직접 고객을 찾아뵙고 최대한 자세히 원점에서부터 다시 설명해드렸다. 보험의 기본 개념과 해당 상품의 구체적인 취지에 대해서도 소상히 설명하면서 이해시키기 위해 노력했고 결국 모두 잘 해결됐다.

그런데 그 3건의 민원에는 공통점이 하나 있다. 바로 내가 AS상담을 시작하기 전에 발생했다는 점이다. 당시는 새 계약을 성사하는 데에만 목을 매던 시절이었다. 즉 기계약 고객을 관리하고 챙겨야 한다는 사실을 깨닫기 전이었다. 어쩌면 대부분의 민원이 신규 계약에만 급급해 기존 고객은 뒷전으로 미뤄놓는 보험영업자들의 잘못된 태도 때문에 발생하는지도 모르겠다.

그 후 AS상담을 할 때 가장 중요하게 확인하는 사항이 바로 보험료 갱신, 납입기간과 보장기간이다. 그리고 관련한 내용을 설명한 후에는 반드시 고객에게서 확인 사인을 받는다. 지금도 나는 2년마다 한 번씩 AS상담을 하고 있다. 민원이 발생할 소지를 애초에 없애는 방법 중 이것만큼 확실한 것은 없다.

고객이 자신의 지인을
나에게 소개해주는 이유

수원 화서지역에서 DM 개척에 나선 지 3주 정도 지났을 무렵이었다. 내가 DM을 넣은 어느 바비큐 식당 사장님이 연락을 해오셨다.

"가게 화재보험이 한 달 전에 만기됐어요. 근데 영업자가 전화 한 통도 안 한다는 게 말이 됩니까? 나는 이제 그 회사는 영 믿을 수가 없어요. 이석원 씨가 와서 상담을 한번 해주면 좋겠는데…."

"아, 그럼요. 사장님, 당연히 제가 가야지요. 가게 주소 좀 불러주세요."

나는 얼른 주소를 받아 적고는 제일 먼저 식당 앞으로 가서 가게 사진을 찍었다. 그러고는 건축물대장을 바탕으로 제안서를 작성했다. 당연히 제안서 맨 앞장에는 식당 사진을 실었다. 내 제안서를 받아든 사장님은 그 자리에서 곧바로 화재보험을 계약했다. 몇 달 후 사장님은 자동차 보험도 2건이나 계약했다.

고객은 어떤 경우에 자신의 지인을 소개해줄까

"우리 가게에 불이 났어요. 지금 당장 좀 와줘야겠어요."

2년 후, 그 바비큐 식당에서 불이 났다. 사장님은 다급한 목소리로 전화해서 바로 와달라고 했다. 나는 전화를 끊자마자 하던 업무를 중단하고 가게로 달려갔다. 이미 화재는 진압된 상태였지만 가게는 시꺼멓게 그을려 처참한 모습이었다. 망연자실해 있는 사장님에게 내가 해드릴 수 있는 위로는 최대한 많이 보상받을 수 있도록 백방으로 뛰어보겠다는 것뿐이었다. 그건 영업자로서 으레 하는 멘트가 아니었다. 화재현장에서 고객을 만나면 내 가족의 일처럼 여겨진다.

바비큐 식당의 화재 원인은 다트의 노후화 때문이었다. 바비큐 식당은 테이블마다 연기를 빨아들이는 흡입구가 있는데 그 흡입구를 통해 들어온 연기는 다트에서 한데 모아져서 밖으로 배출된다. 그 다트 부분이 오래되면 기름이 끼고 통로가 좁아지게 되는데, 그 식당도 낡고 좁아진 다트 부분이 연기를 견디지 못해 화재가 발생한 것이다. 당시 피해 규모는 1,300만 원 정도였다.

나는 날마다 식당으로 출근했고 손해사정인을 만나 좀더 보상을 많이 받을 수 있도록 애썼다. 고객에게는 매 절차마다 그다음 절차를 소상히 설명해드렸다. 내가 최선을 다하고 있다는 것을 느낀 사장님은 진심으로 고마움을 전해왔다. 그렇게 보상절차가 모두 끝나고 가게도 정상화된 후, 가게 사장님은 나에게 자신의 친형과 친동생의 연락처를 주면서 찾아가 보라고 했다.

그렇게 만난 사장님의 친형님은 나와 상담을 한 후 본인과 배우자 앞으로 장기보험을 2건 계약했다. 그리고 동생분은 본인과 배우자, 어머니 그리고 아들 셋 앞으로 각각 보험을 1건씩 계약하고 화재보험까지 계약했다. 한 번에 무려 7건을 계약한 것이다. 그뿐이 아니었다. 그 자리에서 바로 직장 동료를 소개해주었고, 그 동료 역시 상담을 받은 후 자동차 보험 2건과 자녀보험 2건을 계약했다. 식당 사장님 한 분의 소개로 무려 세 분의 고객을 만나게 되었고 10건 이상의 계약을 성사시킨 것이다. 지인영업의 대표적인 성공 사례라 할 수 있다. 그 외에도 고객의 지인 소개로 성사된 계약은 수없이 많다.

의료실비보험을 지속적으로 제안 드린 중년의 여성 고객 한 분이 있었다. 그 고객은 제안할 때마다 거절하다가 마지못해 본인과 남편 앞으로 보험을 하나씩 가입했다. 의료실비보험이야말로 반드시 하나씩은 구비해놓아야 하는 필수보험인만큼 고객의 극구 거절에도 끝까지 제안을 드렸었다.

그런데 보험계약 후 2년이 흘렀을 무렵, 남편이 접대골프를 나갔다가 뇌출혈로 쓰러졌다. 접대골프 후 뇌출혈은 당연히 산재와 연관성이 있다. 물론 회사 측과 논란은 많았다. 하지만 나는 노무사와 끝까지 면밀한 협의를 했고 결국 산재보험으로 혜택을 받아냈다. 물론 우리 회사를 통해서 의료실비보험 보장도 모두 지급받았다.

보상절차가 모두 끝난 후 그 고객은 내 어깨를 두드려주며 진심을 담아 '고맙다'는 인사를 연거푸 했다. 그리고 3명의 딸 명의로 모두 보험을 하나씩 가입했고, 시집 간 둘째 딸의 두 아이들을 위해서도 자녀보험을 각각 가입했고, 화재보험도 1건 가입했다.

고객은 자신이 어려운 상황에 처했을 때, 내 일처럼 최선을 다해 애써주고 자신의 편이 되어주는 보험영업자를 믿고 의지할 수밖에 없다. 말하지 않아도 서로의 진심을 느끼게 되는 것이다. 이런 경험을 하고 나면 고객은 자신의 보험 담당자에 대해 앞으로도 계속 믿고 신뢰할 만한 사람이라는 확신을 갖게 된다. 자신뿐 아니라 자신이 사랑하는 가족 그리고 가까운 지인들에게도 기꺼이 소개해주고 싶은 생각을 하게 마련이다.

고객으로부터 새 고객을 소개받는 일은 쉽고 간단하다. 그 고객에게 나의 진심이 전해지도록 최선을 다하고 다른 영업자가 필요하지 않도록 만족시키면 된다. 그렇다면 고객을 어떻게 대해야 만족시킬 수 있을까? 이와 관련해서 내가 반드시 지키는 철칙 세 가지가 있다. 이 세 가지 철칙이야말로 내가 고객을 잘 관리하고 유지하면서 그들로부터 지인을 소개받는 비결이라 확신한다.

기존 고객 관리를 위한
영업자의 세 가지 태도

첫째, 나는 어떤 경우에도 고객에 대한 불평불만을 말하지 않는다. 나와 계약한 고객뿐만 아니라, 잠재고객, 혹은 아예 계약을 하지 않을 것 같은 사람조차도 보험에 대한 이야기를 나눈 후에는 절대로 그에 대한 불만을 입 밖으로 내지 않는다.

영업을 하다 보면 고객과 좋은 이야기를 할 때도 있지만, 서로 얼굴을 붉혀야 하는 좋지 않은 이야기를 해야 할 때도 많다. 차량 사고가 났는데 보험회사에서 늦게 출동한 경우, 차량 사고시 과실률이 높게 책정된 경우, 보험료 갱신에 대한 이의 등 고객이 영업자에게 불평을 쏟아내는 경우는 허다하다. 그리고 그중에는 내 잘못이 아닌 경우도 많다. 그럴 때 일부 영업자들은 전화를 끊은 후 곧바로 고객에 대해 불평불만을 늘어놓는 경우가 있다.

하늘의 망은 허술한 듯 보이지만 생각보다는 촘촘해서 옳고 그름이 다 걸러진다. 그리고 사람의 마음은 은연중에 서로에게 모두 전해진다. 나는 고객이 나와 통화를 끊고도 내가 하는 말을 다 듣고 있다고 생각한다. 그리고 실제로 그렇다. 사람의 진심은 굳이 말하지 않아도 쉽게 전달되고, 가식도 의외로 쉽게 티가 난다. 무엇보다 세상은 너무나 좁다. 10년 이상 일을 한 영업자라면 누구나 한 번쯤 겪어보았음직한 상황이 있다. 내가 어느 술자리나 모임자리에서 고객에 대한 이야기를 했는데 그 자리에 그 고객에 대해 아는 사람이 있는 경우다. 이때 영업자가 자신과 보험 계약을 한 고객에 대해 나쁜 소리를 늘어놓았다면 그것만큼 곤혹스러운 일도 없을 것이다.

둘째, 나는 고객을 만나면 먼저 칭찬의 말을 건넨다. 고객에게는 나쁜 말은 최대한 삼가고 가급적 긍정적인 이야기를 한다. 늘 그들의 입장에서 도움이 되고 기분 좋은 말을 한다. 특히 소개로 만난 고객에게는 우선 칭찬으로 말문을 연다. 집으로 찾아 뵌 경우에는 "현관이 참 깨끗하게 정리되어 있군요"라는 말을 하며 신발을 벗는다. 몇 마디 나눈 후에는 "소개해주신 ○○○님이 선생님 칭찬을 참 많이 하시더라고요. 멋있고 인품이 좋으시다고 들었는데 실제로 만나보니 정말 그러시네요." 이처럼 첫 만남에 대한 좋은 느낌을 구체적으로 전하고 동시에 소개해준 분에 대해서도 언급한다.

고객의 휴대폰 번호를 저장할 때는 이름뿐만 아니라 간단한 애칭을 함께 저장한다. 가령 '멋쟁이 윤○○○ 사장님', '우아한 최○○ 차장님', '주당 고○○ 사장님', '대박 가게 김○○ 사장님'처럼 말이다. 그들에게 오랜만에 전화가 걸려오면 "여보세요?" 대신 "멋쟁이 윤 사장님, 안녕하세요?" "대박 가게 김 사장님, 여전히 장사 잘 되시죠?" 이렇게 응대한다. 당연히 고객들은 기분 좋게 웃으신다. 말하는 사람, 듣는 사람 모두 즐거운 말인데 하지 않을 이유가 없다.

셋째, 나는 새 계약 발굴보다 기존 고객 관리를 우선시한다. 가령 새 고객과 상담 중에 휴대폰이 울리면 개인적인 전화는 받지 않지만 고객의 전화라면 그냥 넘기지 않는다. "죄송합니다. 상담 중에는 웬만하면 전화를 받지 않는데요, 다른 고객님이 전화를 주셔서 좀 받겠습니다" 하고 양해를 구한 후 전화를 받는다.

대개는 간단한 상담을 요하는 전화지만, 간혹 사고가 나서 긴급하게 전화를 해오는 경우가 있다. 그럴 때면 상담중인 고객에게 진심으로 양해를 구한다. "정말 죄송합니다. 다른 고객님에게 긴급한 사고가 생겨서 바로 찾아뵈어야겠습니다. 다시 시간을 내주시면 꼭 찾아뵙겠습니다." 그러고는 곧바로 출발한다. 이런 내 모습을 지켜본 고객은 황당해하고 서운해할까? 아니다. 오히려 나에 대해 신뢰를 느껴 다음 미팅을 위한 시간도 기꺼이 내준다.

고객 관리를 위한 나만의 철칙은 어찌 보면 아주 사소한 것들이다. 하지만 이 세 가지를 지키면서 나는 실제로 고객을 대하는 마음가짐이 달라졌고, 보험영업자로서 갖추어야 할 태도에 대해 고민하게 되었다. 내가 세운 원칙들을 지키기 위해 말과 행동으로 부단히 노력하다 보면 어느새 그것들이 나만의 성공 노하우가 되어간다는 걸 깨닫게 될 것이다.

성공한 사람들의 대단한 영업 이론이나 법칙을 배우는 것도 필요하겠지만, 내가 직접 고객들을 만나면서 느끼는 점을 바탕으로 나만의 철칙을 만들어나가는 것이 더 중요하다고 생각한다. 그것은 필드에서 겪은 숱한 시행착오를 바탕으로 내 몸과 마음으로 깨달은 것이기 때문이다.

보험영업자가
반드시 갖추어야 할 윤리의식

얼마 전 허위 보험계약 체결로 수당을 챙긴 한 보험영업자가 구속된 사건이 있었다. 그는 동창생, 지인 등의 명의를 빌려 보험 가입 수당이 많은 종신보험에 허위로 가입시켜서 보험수수료를 챙겼고, 또 납부한 보험료에 대해서는 명의를 빌려준 보험 가입자에게 보험사에 해지 민원을 제기하도록 한 뒤 되돌려받는 수법으로 해지 환급금까지 챙겼다고 한다.

이렇게 잊을 만하면 한 번씩 세간의 화제가 되는 보험영업자들의 사기 사건을 접할 때마다 참으로 안타까운 생각이 든다. 실적을 올리기 위해 혹은 올린 실적을 유지하기 위해 편법을 넘어 불법까지 자행하는 이들을 보면서 보험영업자들에게 영업실력보다 더 중요한 것은 윤리의식이 아닌가 하는 생각을 하게 된다. 고객과 사회가 보험에 대해 어떤 생각을 하든지 간에 나만 실적을 올려 연봉 많이 받고 스타 영업자가 되면 그만이라는 안이한 생각은 보험업계 전체를 불신의 대상으로 만드는 '제 살 깎아먹기'식 범죄다.

편법에서 시작해 범법까지 저지른
'톱 오브 톱' 영업자의 몰락

모든 보험영업자들의 꿈은 바로 '톱 오브 톱' 그리고 '보험왕'에 오르는 것이다. 이 자리는 탁월한 마케팅 전략, 전문적인 지식, 남다른 성실함, 고객들의 무한신뢰 등을 완벽하게 갖춘 이들만이 오를 수 있는 꿈의 자리다. 그래서 올라가기도 힘들지만 그 자리를 유지하는 일도 쉽지 않다.

보험업계에서도 전설이 된 보험왕들의 성공 스토리는 한결같다. 모두다 구두굽과 타이어가 남들보다 몇 배나 빨리 닳도록 발로 뛴 성실한 분들이다. 끊임없이 배우며 늘 고객 편에서 생각하는 열정적인 분들이다. 그런데 간혹 보험왕에 오른 이들 중에는 자신의 자리를 지키는데 급급해 영업자로서의 윤리의식을 내팽개치고 불법적인 행위를 하는 이들도 있다.

최근에도 사회적 물의를 일으킨 보험영업자의 사건이 있었다. 그는 20여 년간 보험설계사로 일하면서 두 차례 TOT에 선정됐던 스타 영업자였다. 하지만 실적을 유지해야 한다는 욕심에 고객과 지인들에게 수익성이 높은 보험에 가입하면 목돈을 만들어주겠다고 속여 수십억 원을 가로챘다. 하지만 보험가입자 수가 늘어나면서 약속한 원금과 이자를 감당하기 어려워지자 높은 이자로 돈을 빌려서 또 다른 피해자들에게 지급해야 될 원금과 이자를 갚는 '돌려막기'를 시작했다고 한다. 당연히 빚은 눈덩이처럼 커져만 갔고, 심리적 압박감을 이기지 못한 그는 제 발로 경찰서를 찾은 것이다. 결국 TOT를 유지하기 위해 벌인 사기극 때문에 집은 경매로 넘어가고 빈털터리가 되었다. 뿐만 아니라 이제는 범죄자가 된 것이다.

가족과 고객 모두에게
당당한 영업자가 되어야 한다

보험영업을 하다 보면 사소한 편법을 써서라도 계약률을 높이고 싶다는 유혹에 빠질 수 있다. 사실 이는 비단 보험업계만의 문제는 아니다. 업종을 막론하고 경쟁에 시달리는 이들이라면 누구나 이런 갈등을 겪는다. 하지만 편법을 수시로 자행하다 보면 윤리의식이 무뎌져서 다급한 상황에 몰리면 범법행위도 서슴지 않게 된다. 그래서 남들 다 쓴다는 편법이라고 해도 나만의 윤리적 잣대를 들이대서 냉철

하게 판단해야 한다.

　나 역시 이 일을 하면서 가입률을 높이기 위해 일부 영업자들이 자행하는 편법들을 지켜봐왔다. 가령, 영업자들 중에는 기존 계약을 부당하게 승환(기존에 계약이 있는데 해지 후 새로운 계약을 권유)시키면서도 고객의 납입 능력이나 잠재적 위험을 무시한 채 자신의 편의(수수료, 수당)만을 고려하는 부도덕한 이들이 있다. 그런 영업자들에게 보험을 가입한 고객들은 결국 금전적 혹은 기회비용 손실 등의 직접적인 손해를 볼 뿐 아니라, 보험 자체에 대한 불신을 갖게 된다. 나는 이런 고객들의 사례를 많이 보면서 타산지석으로 삼겠다고 결심했다.

　윤리의식이 부족한 영업자뿐 아니라 전문성이 부족한 영업자들도 고객에게 피해를 끼치는 경우가 많다. 전문지식과 자신만의 경륜을 바탕으로 고객의 상황에 맞춰 적절하게 컨설팅을 해야 하는데 지식이 부족해서 최선의 제안을 하지 못하는 경우가 있다. 혹은 그와는 다른 경우로 고객의 편의에 맞는 상품을 컨설팅할 능력이 있음에도 불구하고 자신의 입장을 더 우선시할 때도 있다.

　보험영업자로서 자부심을 가지려면 자신의 실적에만 연연해서는 안 된다. 고객의 니즈와 상황에 가장 적합한 상품과 조건을 찾지 않고 자신에게 유리한 방향으로 컨설팅할 경우, 고객의 인생이 달라질 수 있다는 사명의식을 가지고 업무에 임해야 한다. '멀리 가려면 함께 가라'고 했다. 고객의 긴 인생에 든든한 동반자가 된다는 마음으로 일을 해야 업에 대한 자부심도 가질 수 있다.

나는 이 일을 하면서 스스로에게 다짐한 것이 있다. 바로 가족들에게 당당한 남편, 아빠가 되자는 것이다. 설사 부도덕한 제안을 받는다 해도 가족이 나를 지켜보고 있다고 생각하면 절대 한눈 팔 수가 없다. 무엇보다 나 자신에게 한 점 부끄러움이 없고 싶다. 힘든 상황에 처한다고 해도 고객의 입장에서 정성껏 하루하루 최선을 다하다 보면 하늘도 감동할 것이라고 믿는다. 지성이면 감천이다.

고객이 가장 필요로 하는 것이
가장 의미 있는 선물이다

"석원아, 너 저번 동창회 때 나한테만 선물 주고 ○○한테는 선물 안 줬잖아. 걔가 되게 서운해하더라."

초등학교 동창모임을 하고 며칠이 지난 후, 내 고객이기도 한 친구가 전화를 해왔다. 초등학교 동창모임에서 2명의 친구가 내 고객이었는데 그날 내가 한 친구에게만 선물을 준 게 문제가 된 것이다.

동창들의 소모임이 있던 날, 나는 한 친구를 먼저 만나게 되었다. 마침 주차장에서 만났길래 차 트렁크를 열어 가장 먼저 보이는 사은품 하나를 그 친구에게 건넸다. 반가운 마음에 선뜻 건넸지만 선물 자체는 소소한 것이었다. 친구는 그 선물을 자신의 차에 실었고 우리는 함께 약속 장소로 향했다.

그런데 모임에 함께 참석했던 다른 친구 한 명이 그 사실을 알고는 마음이 상했던 것이다. 자신도 내게 보험을 가입한 고객이고 그날 함께 만났는데 왜 자기에게는 선물을 주지 않았냐는 것이다. 대수롭지 않은 선물이라 처음엔 그 친구의 반응이 의아했는데 입장을 바꿔놓고 생각해보니 충분히 기분 나쁠만 했다. 그때 나는 깨달았다. 주는 사람 입장에서는 제아무리 사소한 것이라 해도 막상 그걸 받지 못 한 사람은 빈정이 상할 수 있다는 것을 말이다.

주고도 찬밥 신세 되는 선물
VS 사소하지만 감동을 선사하는 선물

보험영업자라면 누구나 고객을 만날 때 뭐든 선물을 해야 한다는 부담을 갖고 있다. 고객이 보험 계약을 체결했을 경우에는 그 부담이 분명해지고 커진다. 나도 처음에는 그랬다. 개척영업을 할 때 처음 인사를 드릴 때는 사탕 하나라도 드렸고, 제안을 드릴 때면 볼펜 한 자루라도 드려야 했다. 계약한 고객에게는 당연히 선물을 드렸다.

실제로 회사에서는 주기적으로 선물을 제공한다. 주로 키친타올, 타올 등 일상품들이다. 명절 전이 되면 보험회사 사무실은 고객에게 돌릴 선물로 발 디딜 틈이 없다. 보통 과일 박스, 멸치, 햄, 양말 세트 등인데 영업자들은 고객의 등급에 맞춰 선물 리스트를 작성한 다음

택배로 보내기도 하고 VIP 고객의 경우 직접 찾아뵙고 전달하기도 한다.

그런데 보험영업을 시작하고 몇 차례 명절이 지난 후, 나는 이 명절 선물에 회의감이 들기 시작했다. 과연 고객들은 우리가 보낸 선물을 반가워하고 기억할까? 그리고 나는 어느 고객에게 무엇을 보냈는지 기억하는가? 이렇게 주고받는 사람 모두 습관화되고 의미 없는 선물이라면 무슨 가치가 있을까 싶었다.

고민 끝에 나는 버릇처럼 하는 의미 없는 선물을 일절 하지 않기로 마음먹었다. 명절 선물도 돌리지 않기로 하고, 그 대신 의미 있고 기억에 남는 선물을 하기 시작했다.

나는 고객이 내게 보험을 가입한 지 1년, 3년, 5년이 된 날 선물을 드린다. 계약한 지 1년이 된 날에는 고객의 가족들이 모두 함께 영화를 관람할 수 있도록 영화티켓을 보내드린다. 가족 구성원들의 연령과 인원을 잘 파악한 후 연령에 맞는 영화를 선택해서 티켓을 보내드린다. 고객들은 오랜만에 가족과 함께 극장에 가서 영화를 보고 즐거운 시간을 가졌다며 내게 '폭풍 감동'의 메시지를 보내오곤 한다. 사정이 있어 영화를 보지 않은 고객들조차도 무척이나 고마워하며 감동한다.

보험을 가입한 지 3년이 되는 날에는 케이크와 고급우산 세트 두 개를 드린다. 카드에는 선물로 우산을 드리는 이유를 정성껏 쓴다.

살다 보면 우산이 급히 필요한 날이 있지요? 인생도 그렇습니다. 맑은 날도 많지만 비가 오고 눈이 오는 것처럼 궂을 때도 있습니다. 행여나 인생에서 우산이 필요한 순간을 맞게 되셨을 때 저를 찾아주십시오. ○월 ○일 오늘은 고객님이 제게 보험을 가입한 지 3년이 되는 날입니다. 그동안 저는 늘 고객님의 우산이 되기 위해 준비하고 있었습니다. 앞으로도 변치 않을 것임을 약속드립니다.

5년이 되었을 때에는 사진관을 지정해서 가족사진을 찍을 수 있는 티켓을 선물한다. 물론 지금 내 고객들은 전국 각지에 있다. 그럴 때면 전국에 있는 회사 동료들에게 부탁해서 고객의 집 근처에 있는 좋은 사진관을 알아봐달라고 부탁한다. 사진관에 연락해서는 어느 고객이 가족사진을 찍으러 갈 텐데 특별히 잘 부탁드리며, 고객이 촬영하고 간 후 연락하면 바로 송금하겠다고 말해놓는다. 일반 사진관의 경우 내가 전액을 부담하지만 때에 따라서 요금이 아주 비싼 사진관을 활용해야 할 때면 절반 금액 할인 티켓을 만들어 고객들에게 보내드린다.

가족사진을 찍고 사진을 받아본 고객들은 덕분에 좋은 시간을 보냈고 좋은 추억을 남길 수 있었다며 무척이나 고마워한다. 나는 그들에게 다시 카드를 보낸다.

평안한 가족의 모습 참 보기 좋습니다. 고객님 댁의 안전과 화목을 늘 기원합니다. 만에 하나 어떤 위험 혹은 작은 사고를 경험하시게 되면 꼭 저를 찾아주십시오. 고객님 가족의 행복과 안전은 제가 지켜드리겠습니다.

선물을 줄 때 좀더 정성을 기울이고 세심하게 배려하면 그것은 고객들의 기억에 평생 남을 만한 선물이 된다. 어떤 영업자는 강원도 농원에서 배나무와 사과나무 등을 분양받아 수확철이 되면 고객들을 농원으로 초대해서 삼겹살 파티를 하고 배와 사과 등을 마음껏 따가게 하는 이벤트를 열기도 한다. 당연히 고객들의 반응은 폭발적이다. 이렇게 조금만 더 고객의 입장에서 선물을 고민하면 주는 사람도 받는 사람도 오래오래 기억에 남고 보람 있는 선물을 할 수 있다.

고객이 원하는 최고의 선물은 진심이 담긴 서비스다

"○○보험회사는 몇 달치 보험료를 미리 내주기도 한다던데 여기는 안 그래요?"

간혹 고객들 중에 이런 질문을 하시는 분이 있다. 그러면 나는 청약서를 다시 고객에게 주면서 "그런 걸 원하신다면 다른 영업자에게 가입하십시오"라고 정중하게 말씀드린다. 몇 차례의 보험금 선납이나 사은품이 고객에게 의미 있는 선물이 아니라고 생각하기 때문이다.

보험영업자들은 고객에게 주로 상품권, 주유권, 주방용품, 세탁용품, 차량 관련 제품들, 우산, 지갑 등을 선물로 준다. 하지만 이런 식상한 선물은 받지 않으면 섭섭하고, 받으면 당연한 듯 여겨져 고마운 마음이 들지 않는다. 한마디로 주나마나한 선물인 셈이다.

그렇다면 주는 사람 받는 사람 모두가 만족할 만한 선물은 무엇일까? 고객의 라이프스타일에 맞는 좋은 추억을 선물하는 것이다. 그런데 그보다 더 의미 있는 선물은 따로 있다. 바로 고객의 보험 담당자로서 최선을 다하는 것이다. 고객에게 사고 등 다급한 상황이 발생했을 때 성심껏 문제를 해결해주고 최대한 보장받을 수 있도록 백방으로 나서주는 것이야말로 최고의 선물이 아닐까.

간혹 나에게 왜 선물을 안 주느냐고 물어오는 고객이 있다. 그럴 때 나는 당당하게 답한다.

"지금 선물 안 드렸다고 서운해하지 마세요. 저는 고객님에게 물건을 판 영업자가 아니라 위험 관리자입니다. 집사처럼 생각해주세요. 집사가 고객에게 선물하나요?"

나는 사고가 나면 곧바로 현장으로 달려간다. 아무리 늦은 시간이라도 꼭 방문한다. 그리고 고객이 보험금을 받기 위해 회사에 제출해야 하는 서류는 내가 직접 다 뗀다. 사고를 당한 고객은 몸도 불편하고 경황이 없다. 그런데 이런 것까지 신경 쓰게 할 수는 없기 때문이다. 이처럼 고객에게 가장 큰 선물은 그들이 어려움에 직면했을 때 위험 관리자로서 확실한 도움을 주는 것이라 믿는다.

내가 보험 리크루트를
하는 이유

나는 보험과 보험영업 일에 대한 나만의 신념이 있다. 보험이 예측불허의 인생살이를 위험으로부터 지켜준다는 신념, 그리고 이 일이 평범한 나를 고소득 연봉자로 만들어주었듯 노력하는 사람 누구에게나 기회의 장이 된다는 믿음이 있다.

그래서 틈만 나면 지인들에게도 보험영업이 무엇인지 알리고 도전해보라고 권한다. 자칫 보험영업자에 대해 좋지 않은 선입견을 가진 사람들에게는 보험 덕분에 불의의 사고를 당하고도 든든히 보장받아 생활에 전혀 타격을 받지 않은 내 고객들의 스토리를 생생하게 들려준다. 그리고 지난 15년 동안 나의 월소득이 얼마나 상승했는지 그래프와 함께 보여준다. 그들에게 나의 연봉 상승도표를 보여주면 다들 놀라워하면서 조금씩 관심을 보인다.

나에게서 보험 이야기를 들은 사람들은 당장은 자신과 무관하고 동떨어진 일처럼 여기다가도 개인적으로 어떤 계기가 생기면 용기를 내기 시작한다. 나는 그들에게 처음부터 목표를 지나치게 높게 잡지 말고, 현실 가능한 목표치를 세운 다음 차근차근 달성해가면서 조금씩 높여나가라고 조언해준다.

보험으로 인생을 바꾼 사람들

이 일을 시작하고 6~7개월 되었을 무렵이었다. 정신없이 바쁘던 시절이었는데 오랜만에 한 친구가 연락을 해왔다. 초등학교 동창으로, 당시 어머니 소유의 건물 관리인으로 일하고 있었다.

"야, 석원아, 넌 뭐가 그렇게 바쁘냐?"

"이 일이 워낙 발로 뛰어야 하는 일이라 그래."

"부럽다, 야."

"야, 내가 뭐가 부럽냐? 눈이 오나 비가 오나 하루 종일 영업 다녀야 하는데."

"바쁘게 사는 네가 부럽다고. 난 하루 종일 한가하잖니. 누가 뭐라는 사람도 없고… 석원아, 나도 너 하는 일 한번 해볼까?"

친구의 말이 너무 뜻밖이라 당황했지만 그의 진심이 느껴졌다.

"그래 한번 해봐. 이 일은 시간이 자유로우니까 지금처럼 건물 관리 일을 하면서도 할 수 있어."

친구는 보험영업을 바로 시작했고, 지금까지도 열심히 하면서 꽤 높은 수입을 올리고 있다. 어머니 건물의 관리도 병행하면서 말이다.

나는 친인척들에게도 보험영업 일을 적극적으로 알린다. 한번은 외숙모에게 추천한 적이 있다. 외숙모는 외삼촌이 하는 회사에서 경리업무를 담당하고 있었다. 외숙모는 일처리가 야무지고 부지런하기로 정평이 나 있는 분이다.

"외숙모 여기서 이렇게 일하면서 월급은 받아요?"

"월급 같은 소리 하지 마. 주긴 뭘 주냐? 고생만 하고 한 푼도 안 받는다."

외숙모의 뜻밖의 대답에 나는 곧바로 보험을 권했다.

"그럼 왜 여기서 이러고 있어요. 그만 하고 우리 회사에 나와서 보험영업 한번 해보세요. 지금 여기서 일하는 정도로 열심히만 하면 한 달에 200~300만 원은 거뜬하게 가져갈 수 있어요."

나의 적극적인 추천에 외숙모는 "오냐, 그럼 한번 해보자" 하시고는 이 일을 시작했다. 현재 7년차 보험영업자로 한 달에 500만 원 내외의 수입을 올리고 있다.

나는 고객들 중에서 퇴직을 앞두고 있거나 다른 일자리를 찾는 분들에게도 적극적으로 보험영업을 권유한다.

"고객님, 저의 다른 고객님 중에서 퇴직금으로 식당을 차린 분들이 꽤 많은데요 그중에 70~80퍼센트가 1년 안에 문을 닫습니다. 아무리 적게 들여도 보통 5,000만 원 정도의 자본금으로 시작하는데 문을 닫을 때는 거의 한 푼도 건지지 못한 채 장사를 접습니다. 그래서 저는 퇴직하시는 분들께 장사 대신 차라리 보험영업을 하라고 권합니다. 이건 노트북 하나만 있으면 시작할 수 있거든요. 새로 장사를 시작했다는 마음가짐으로 딱 1년만 해보세요. 자동차보험만 해도 열심히만 하면 한 달에 200~300만 원은 벌 수 있어요."

지인과 고객들에게 보험영업을 권해서 모두 43명이 이 일에 뛰어들었다. 물론 지금은 절반 정도만 영업일을 하고 있다. 모든 일이 그렇듯 보험영업도 막상 해보면 적성에 맞지 않거나 뜻대로 되지 않아 포기하기도 한다. 삼성화재의 영업자들도 1년 정착률은 50퍼센트가 되지 않는다. 그래서 고객들은 간혹 '○○○ 영업자가 그만두게 되어 고객님의 담당 설계사는 ○○○로 바뀝니다'라는 문자를 받게 된다.

내가 보험 리쿠르트를 하는 이유

"보험영업 일을 정말 좋아서 하시나 봐요. 뭐가 그렇게 좋으세요?"

간혹 고객 분들께 주변에서 일자리 찾고 있는 지인들이나 보험영업에 관심 있는 분들이 있으면 소개해 달라고 하면 이런 질문을 자주 하신다. 그때마다 나는 '보험처럼 노력한 만큼 그 대가가 돌아오는 일도 없다'고 자신 있게 답한다.

"제가 해보니까 보험영업은 확실히 매력이 있습니다. 열심히 한 만큼 결과가 돌아오거든요. 직장에서는 아무리 노력해도 원하는 만큼 연봉을 받기가 어렵잖아요. 조직 내에서 성공하려면 실력 말고도 필요한 게 많습니다. 그런데 보험영업은 그렇지 않아요. 노력한 만큼 연봉이 오릅니다."

나의 경험담을 바탕으로 자신 있게 알렸더니 주변에서 서서히 이 일을 시작해보고 싶다는 사람들이 생겨나기 시작했다. 바로는 아니더라도 1년 후에 나를 찾아와 시작하겠다는 사람도 있었다. 이처럼 내가 보험 리크루트에 열성을 다하는 이유는 1차적으로는 소득을 올리기 위해서다.

새 영업자를 영입하면 나는 회사에서 시상금을 받는다. 회사에서는 매달 이런 이벤트를 실시해서 시상을 한다. 시상자에게는 그때의 이슈에 따라 여행을 보내주기도 하고 현금을 주기도 한다. 그뿐만이 아니다. 영입한 사람이 손해보험자격시험에 합격하면 또 시상금을 주고, 영업을 시작하면 그의 영업실적 중 일정 부분이 나의 영업점수로 가산된다. 내게 수수료가 더 주어지는 건 아니지만 가점이 높아지면서 내 소득도 높아지게 된다.

물론 이렇게 서로에게 좋은 일만 있는 것은 아니다. 때로는 곤란한 경우도 많다. 나와 원래 친분이 두터운 사람을 영입할 경우, 그는 당연히 나에게 다양한 도움을 요청한다. 개척에 나서는 데 동행해 달라, 계약서를 한 번만 더 체크해봐 달라 등등 시시때때로 업무상의 도움을 바란다. 물론 심적으로는 관심을 가져주고 싶지만 나 역시 시간적인 여유가 많지는 않아 곤란한 경우도 많다.

가장 큰 애로사항은 서로 영업 대상이 겹친다는 점이다. 친척을 영입할 경우, 일단 가족이 겹친다. 학교 동창 친구를 영입할 경우에는 동창회 친구가 겹친다.

이처럼 지인을 보험영업의 길로 인도할 경우 애로사항이 적지 않다. 하지만 내가 영입한 사람이 잘 안착해서 계속 일을 하는 경우에는 그 누구보다 든든한 파트너가 된다. 그래서 나는 앞으로도 계속 리쿠르트 일을 해나갈 것이다. 혼자 가는 것보다 여럿이 함께 가면 훨씬 더 든든하다. 기쁜 일, 힘든 일도 함께하면서 서로에게 든든한 버팀목이 되어줄 것이라 믿는다.

성공이든 실패든 새로운 것을 배울 수 있는 선택을 하라

지금까지 내가 추천해서 함께 근무한 이들 중에는 도중에 그만둔 분들도 있다. 가끔 그들과 만나면 "그래도 삼성화재에 있을 때가 좋았다"라는 이야기를 종종 듣는다. 다양한 금융지식을 배웠고, 보험에 대한 상식과 가치를 깨닫게 되었다는 것이다.

비록 그들이 보험영업인으로 성공하지는 못했지만 그 선택에 후회가 없는 이유는 따로 있다. 바로 직장인과 자영업자의 마음가짐이 어떻게 다른지를 절감했기 때문이다. 그들은 '이 정도면 됐다' 하면서 잠시라도 안주하는 순간 영업은 하향곡선을 그리기 때문에 한시도 방심해서는 안 되고, 매순간 최선을 다하며 스스로의 한계에 도전해야 살아남을 수 있다는 깨달음을 얻었다고 했다. 직장인이 아니라 자영업을 하는 사람의 절박함을 체감한 것이다.

그리고 과거 자신의 모습에 얽매여 있어서는 새로운 도전에 성공할 수 없음을 깨달았다고 했다. 나의 추천으로 함께 일하던 40대 중후반 혹은 정년이나 명예퇴직을 한 50대 중후반 남성 RC들 중에 "왕년엔 잘 나갔는데…"라는 말을 입버릇처럼 되풀이하는 이들이 있었다. 하지만 왕년에 꿈 없고, 자신감 없던 사람이 어디 있으랴. 그때를 생각하며 자존심을 버리지 못하면 이 일뿐 아니라 그 어떤 자영업도 성공할 수 없다.

그들을 보면서 무슨 일을 하든지 간에 나의 몸과 마음가짐을 비롯해 모든 것을 다 바꾼다는 절박함으로 시작해야 성공할 수 있음을 깨달았다. 그렇게 최선을 다하면 비록 실패하더라도 소중한 경험과 교훈을 얻을 수 있다는 것 역시 배웠다.

나는 요즘 젊은 분들에게도 보험 리쿠르팅을 한다. 최근 6~7년 사이에 젊고 똑똑한 친구들이 많이 입사해서 보험업계에 새로운 변화를 만들어나가고 있다. 삼성화재도 젊은 대졸자 컨설팅 전문조직인 SRA(Samsung Risk Advisor)를 출범시켰다. 그들은 태블릿PC를 기반으로 금융·재무·세무 등 폭넓은 지식을 갖춘 고객의 행복파트너로서, 고객의 자산과 위험을 종합적으로 관리하는 금융전문가 집단이다.

보험업계가 젊고 유능한 인재들의 도전의 장이 되어가고 있다는 사실은 보험전문가인 나에게는 무척 반가운 소식이다. 뿐만 아니라 내게도 동기부여가 된다. 아직 자신만의 천직, 열정을 쏟아부을 도전의 대상을 찾지 못했다면 보험 일에 관심을 가져보길 바란다. 보험만큼 내가 노력한 것에 대한 보상과 성취감이 높은 직업도 드물기 때문이다. 무엇보다 새로운 나 자신과 만나는 계기가 되어줄 것이다.

이석원의 원포인트 레슨 ③

기존 고객 관리를 위해
지켜야 할 10계명

제1계명

 기존 고객에게 연락할 때도
철저한 사전 준비를 하라

신규 고객 유치만으로는 한계가 있다. 오히려 기존 고객을 정기적으로 관리하는 과정에서 새로운 판로를 찾을 수도 있다. 하지만 무턱대고 연락해서는 안 된다. AS상담 등 구체적인 계획을 갖고 연락해야 한다. 전화를 할 때도 전화를 건 목적부터 분명하게 전달해야 고객도 적극적으로 응대해준다.

제2계명

 AS상담을 하기 전
고객의 변화상황을 면밀히 파악하라

AS상담 전에 미리 고객과의 전화를 통해 그 취지를 설명하고,

고객 정보를 확인할 수 있도록 동의를 받아야 한다. 그동안 보험과 관련해서 고객에게 어떤 변화가 있었는지 파악해야만 새로운 제안과 실질적인 도움을 줄 수 있다.

제3계명
 '고아 계약' 고객도
나의 새로운 고객임을 명심하라

기 계약 보험이 이관될 경우 이를 '고아 계약'이라고 하는데 이를 귀찮아하지 말고 새로운 기회로 삼아라. 새로운 고객을 만날 기회가 되기 때문이다. 실제로 계약해지를 요청한 고객을 만나 그 계약을 유지하면서 다른 보험 신규계약까지 성사시킨 경우가 있었다.

제4계명
고객의 민원,
가능한 빨리 대처하는 게 상책이다

영업자 중에 고객의 민원이 들어오면 그 고객의 전화는 일단 피하고 보는 경우가 있다. 그럴 경우 고객의 불만은 더 커지고 민원은 더 큰 문제가 되어 돌아온다. 그러므로 어떤 민원이든 무조건 즉각적으로 대처해야 한다. 빨리 대처할수록 쉽게 해결된다.

제5계명

✓ **자동차 보험을 계약한 고객은
연락처와 차량 번호를 함께 저장하라**

휴대폰에 고객 이름을 저장할 때 반드시 차량 번호를 함께 적어놓아라. 차량 사고 접수를 위해서는 자동차 번호를 반드시 알아야 한다.

고객이 내게 전화를 해서 자동차 사고가 났다고 말을 하는 순간 곧바로 휴대폰 화면을 보고 "고객님 차량 번호가 경기 ○에 ○○○ 맞으시죠?"라고 확인하면 고객은 안도감을 갖고 나를 신뢰할 수밖에 없다.

제6계명

✓ **고객의 이름을 저장할 때는
애칭을 함께 저장하라**

고객의 휴대폰 번호를 저장할 때는 이름뿐만 아니라 간단한 애칭을 함께 저장한다. '대박가게 최 사장님' 이렇게 저장해놓으면 최 사장님이 전화해왔을 때 "안녕하세요, 대박 가게 최 사장님! 장사는 여전히 잘 되시죠?" 하고 기분 좋은 인사부터 건넬 수 있다. 그러면 고객의 기분은 당연히 좋을 수밖에 없다.

제7계명

**고객은 어디서든
내가 하는 말을 듣고 있다고 생각하라**

고객은 나와 통화를 끊고도 내가 하는 말을 다 듣고 있다고 생각하면 늘 조심하게 된다. 언제 어디서나 고객에 대해서는 불평불만을 말해서는 안 된다. 특히 술자리에서 고객에 대해 이야기하는 것을 삼가야 한다. 세상은 너무나 좁고 사람의 진심은 의외로 쉽게 전달된다.

제8계명

**고객에게는
늘 칭찬의 말을 먼저 건네라**

고객과 처음 만나는 자리일수록 장점을 빨리 파악해서 구체적으로 칭찬해줘야 한다. 사람은 누구나 나에게 관심과 호감을 갖고 있는 사람에게는 보다 쉽게 마음의 문을 열게 된다. 단, 진심어린 칭찬이어야만 통할 수 있다.

제9계명

**언제 어디서나
떳떳한 영업자가 돼라**

목표에 연연하다 보면 고객 입장보다는 자신의 입장을 우선시

하는 경우가 있다. 특히 편법을 써서라도 계약률을 높이고, 유지하려는 영업자들이 있는데 이는 너무나 근시안적인 영업방식이다. 장기적 관점으로는 고객을 잃을 수밖에 없으며, 다급한 상황에서는 범법행위도 서슴지 않게 된다. 보험은 신뢰로 계약해서 신뢰로 유지되는 것임을 명심해야 한다.

제10계명
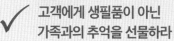
고객에게 생필품이 아닌
가족과의 추억을 선물하라

영업을 하다 보면 고객들에게 어떤 선물을 해야 할지 고민하게 된다. 그런데 생필품처럼 누구에게나 다 주는 뻔한 선물은 고객에게 결코 감흥을 주지 못한다. 영화관람, 가족사진 촬영 등 고객의 라이프스타일을 고려한 '경험'과 '추억'을 선물하는 이벤트가 가장 좋은 선물이다.

CHAPTER 04 보험영업을
천직으로 만드는
목표 세우기

무슨 일을 하든 가장 힘든 건 나와의 싸움이다.

앞으로 나아가게 하는 것도 퇴보시키는 것도 모두 나다.

최고의 자리, 1등이라는 목표에만 집중하면

일에 대한 열정은 사그라들게 마련이다.

중요한 것은 자기 일에 대한 가치,

본질적 열정을 놓치지 않는 것이다.

보험왕이라는 타이틀은 스스로 업에 헌신할 때 찾아온다.

THE POWER OF
SINCERITY

CHAPTER 04

입사 1년차,
보험영업을 천직으로 만드는
마인드세트를 키워라

보험영업을 이제 막 시작한 신입이라면 현재 동기들과 100미터 달리기의 출발선상에 같이 서 있는 것이다. 그 출발점은 같지만 달려가는 모습도 속도도, 결승점을 통과하는 순서도 각기 다를 것이다. 보험영업을 시작한 이유와 마음가짐, 그리고 목표가 저마다 다른 것처럼, 이후의 모습과 결과도 모두가 다 다르다. 1년 후 신인상을 받는 사람도 있고 중도에 버티지 못하고 낙오하는 사람도 있다. 그러기에 시작점에서는 1년이 지난 후 스스로에게 '내가 정말 열심히 했나' 하고 물었을 때, 한 치의 의심 없이 '예스'라고 말할 수 있도록 단단히 결심해야 한다.

일반 회사에 신입사원으로 입사했을 때의 마음가짐으로 돌아가야 한다. 선배들보다 일찍 출근해야 하고, 결근하지 않고 전력질주하며 일해야 한다. 그렇게 일한다면 1년이 지난 후 최소한 300만 원의 월 소득을 올릴 수 있다고, 추호의 의심도 없이 말해줄 수 있다.

최고의 영업자를 꿈꾼다면 가슴에 새겨야 할 것들

보험영업자가 되기를 꿈꾸는가? 그저 그런 보통의 영업자가 될 것이 아니라, 웬만큼 하는 영업자를 넘어선 최고 영업자가 되고 싶은가? 그렇다면 다음 다섯 가지를 반드시 가슴에 새기고 하루하루 실천하기를 권한다.

첫째, 보험과 보험영업에 대해 믿음을 가져라. 영업자는 보험의 의미와 가치를 믿고 스스로 중독되어야 한다. 보험은 인류가 만든 모든 시스템 중에서 가장 휴머니즘에 충실한 제도다. 보험은 고대로부터 상부상조라는 개념으로 시작되었고 개인이 혼자 감당할 수 없는 위기를 함께 해결하는 제도다. 또한 사회 시스템이나 자식에게 기댈 수 없는 오늘날, 불안한 미래와 노후를 대비하는 실용적 수단이자 가장 적절한 위기관리의 대안이다.

나는 보험의 가치에 대해 알면 알수록 매력을 느끼고 중독이 된다. 그래서 고객에게 보험에 가입하라고 권유하지 않는다. 보험이란 것이 왜 필요한지, 어떤 가치를 지니고 있는지를 고객이 제대로 알지 못한 상태에서 보험상품만을 파는 것은 무의미하다고 생각하기 때문이다.

중요한 것은 보험의 가치를 제대로 알려 그 필요성을 스스로 인식하게 하는 것이다. 언제 맞닥뜨릴지 모르는 위험에 대해서 적은 비용을 들여 가장 안전하게 보장해놓는 최고의 장치임을 이해시키고 직접 판단하게 하는 것이다. 그래서 나는 신입 보험영업자들에게 늘 말한다. 우선 보험의 매력을 발견하고 그 매력에 빠지고 중독되라고 말이다.

둘째, 우선 가족들에게 달라진 모습을 보여라. 보험영업을 시작한 이상 가장 가까운 사람들에게 내가 변한 모습을 보여줘야 한다. 그렇다면 가장 가까운 사람은 누구일까? 바로 가족이다. 가장 가까이에 있는 사람을 이해시키고 설득하지 못 했는데, 밖에 나가 고객을 내편으로 만든다는 것은 어불성설이다. 그러니 더 부지런해지고 더 의욕적인 모습을 보여라.

'보험'이라는 한마디에도 눈빛이 반짝반짝 빛나고 생기 돋는 표정을 지어라. 업에 대한 열정이 넘치면, 그 긍정적인 에너지는 숨기려야 숨길 수가 없다. 그런 기운이 온몸에 퍼지면 주변 사람들이 먼저 알아보게 된다. 일에 대한 열정으로 무장해 가족들에게 내가 긍정적으로 변했고 달라졌음을 느끼게 하라.

첫 달에는 가족과 친척들을 상대로 영업을 하게 마련이다. 가족에게 영업을 한다고 해서 단지 마감에 맞춰 실적을 채우기 위한 임시방편이라고 여겨서는 안 된다. 가족들을 상대로 보험영업을 연습해본다고 생각해보자. 또 사랑하는 가족들을 위험에서 지키기 위해 제일 먼저 가족에게 영업을 하는 것은 너무 당연한 일이다.

그러나 이때 명심할 것이 있다. 아무리 가족이라고 해도, 그들을 억지로 보험에 가입시켜서는 안 된다. 가족들 스스로 가입을 하고 싶어지게 만들어보라. 그리고 가족을 보험에 가입시키는 걸로 끝내지 말고, 그들을 허브로 활용해 다른 고객을 소개하게끔 유도하는 전략도 펼쳐보자. 단발성 영업으로 끝내지 않고, 가족들이 자진해서 나를 도와주게끔 해야 한다.

이처럼 가장 가까이에 있는 사람들인 가족이 나를 바라보는 시선이 달라지면, 나를 대하는 태도도 달라진다. 가족들의 믿음과 지지는 내게 힘이 되고, 스스로 더 나은 사람이 되게 만들어준다. 그러면 긍정의 선순환이 일어나며, 인생을 사는 태도 자체가 달라지게 된다.

셋째, 키맨을 많이 만들어라. 키맨이란 내가 무엇을 할 때 무조건적으로 나를 지지해주는 사람이다. 내게도 키맨이 여러 명 있다. 친구 몇 명과 친한 선배 몇 명, 그 외에 서로 믿고 의지하는 지인 몇 명 등이다. 고객과 만나기로 한 약속이 깨지는 경우는 생각보다 많다. 이럴 때, 나는 허탕 쳤다고 생각하지 않고 키맨을 만난다. 혹은 약속과 약속 사이 시간이 남거나 이동하는 중에 짬을 내어 그들을 찾는다.

이때 나는 반드시 유념하는 점이 있다. 그들에게, 내가 한가해서 만나러 온 것 같은 느낌을 주어서는 안 된다는 점이다. 만나는 시간은 아무리 길어도 2시간을 넘기지 않는다. '나는 바쁜 사람이지만 그 와중에 잠시 짬이 나서 너를 만나러 왔다'는 이미지를 줘야 한다.

그들과는 주로 차를 마시거나 식사를 하는데, 얼마간의 시간이 지나면 회사 동료에게 문자메시지나 카톡을 보내서 '20분 후에 내게 전화 좀 해 달라'는 부탁을 한다. 그리고 전화를 받는 즉시 일어선다. 이렇게 행동한다고 해서 진심이 없다거나 가식으로 그들을 대한다고 생각해선 절대 안 된다. 그들과 진심이 담긴 우정을 유지하되, 나의 활약상을 그들에게 적극적으로 알리기 위해 약간의 테크닉을 발휘하는 것뿐이다.

키맨이 주는 실익은 예상 외로 크다. 그들은 내가 하는 일을 주변 사람들에게 긍정적으로 알려준다. "석원이 잘하는 것 같더라." "걔 요즘 잘 나가더라." 이런 말을 주변에 알려서 보험영업자로서의 내 이미지가 긍정적으로 형성되게 한다. 동시에 나를 주변에 알리고 사람들을 소개해준다.

넷째, 지인에게도 전문가처럼 다가가라. 처음에는 내가 보험영업을 하게 되었음을 알리는 정도로만 접근하고 만나라. 대뜸 보험에 가입해 달라고 제안하면서 그들에게 부담을 주어서는 안 된다. 상대방이 나와 계약을 할 사람이고 보험에 가입할 상황이라면 내가 먼저 이야기를 꺼내지 않아도 알아서 해준다.

친구로서 옛정을 이용해 상대에게 은근한 요구를 하거나 부담을 주지 마라. 또 당장 실적 올리는 것에 급급하단 이유만으로 보험에 가입할 마음이 없거나 새 계약을 할 상황이 아닌 사람에게 사정하거나 강요하는 것은 득보다 실이 많다. 이럴 경우 계약도 못하고 그간 쌓아둔 관계마저 어색해지는 등 두 마리 토끼를 다 놓칠 수 있다.

무엇보다 그들의 마음은 내 마음 같지 않다는 걸 인정해야 한다. 보험은 나, 즉 영업자를 위해 가입해주는 것이 아니라 그들 자신을 위해 드는 것이다. 그러나 나를 중심으로 사고하고 행동하면 중요한 걸 놓칠 수 있다.

친하다는 이유만으로 보험 가입을 제안할 경우, 거절하는 사람이 대부분이다. 신입 영업자 시절에는 친한 사람들에게 거절을 당하면 서운하고 좌절하게 마련이다. 하지만 입장을 바꿔보자. 그들 입장에서는 나를 좀더 지켜보고 싶을 수도 있다. 기대했던 사람에게서 계약을 따내지 못했을 경우 실망하기도 하지만, 반대로 부지런히 사람들을 만나고 다니면 기대하지 못했던 사람에게서 계약을 따내는 성취감을 맛보게 될 수도 있다.

다섯째, 주저하지 말고 빨리 자신이 보험영업을 한다는 걸 주변에 알려라. 주위에 있는 누군가가, 더구나 곧 위험에 노출될 사람이 보장 수단 없이 그 위험을 맞고 있을 수도 있다. 시간이 조금 지나 보험영업에 자신감이 붙었을 때 이야기해야겠다고 마음먹는 경우가 많은데, 그러다가 골든타임을 놓치게 된다.

또 보험 가입이 절실한 누군가가, 지금 이 순간 다른 영업자를 만나고 있을지도 모른다. 내가 보험영업자가 됐음을 알면 당연히 내게 가입을 할 사람들이 그 사실을 알지 못한 채 다른 사람에게 보험 가입을 하고 있을 수도 있다. 때를 기다리느라 골든타임을 놓치지 말고 널리 알려라. 그래야 기회를 잡을 수 있다.

또 다른 1년을 위해 무엇을 준비해야 하는가

첫 1년은 다른 일을 하던 내가 보험영업자로 탈바꿈하는 시간이다. 스스로 나를 바꾸고 주변 사람들이 나를 보는 시선을 바꿔라. 내 성격의 단점을 버리고 내 안에 있는 가장 이상적인 보험영업자의 모습에 나를 맞춰라.

이런 마음으로 나는 보험영업 첫 1년을 열었다. 그리고 1년을 마무리할 때쯤 신인상을 수상했다. 나는 그때 신인상이라는 제도가 있는지도 몰랐고 단지 월소득 500만 원이라는 목표를 향해 전력질주를 했을 뿐이다. 전력질주의 결과, 월소득 500만 원을 넘었다.

신인상을 받으려면 장기보험 몇 건 이상, 소득 얼마 이상, 자동차보험 몇 건 이상 등의 기본적인 요건을 충족해야 한다. 그러나 나는 내가 맡은 일에서 최선의 열정을 다했을 뿐, 그 기준을 맞추기 위해 움직였던 것은 아니었다. 하지만 전력질주를 한 결과 그 요건을 모두 충족했고 내 목표도 초과 달성했다. 전국적으로 1년에 5,000여 명이 보험영업자로 입사한다. 그중에서 50여 명 정도가 신인상을 받으며, 내가 속한 경인사업부에서는 10명이 신인상을 받았다.

15년 이상 영업을 해보니 신인상을 받는 사람 대부분이 그 후로도 꾸준하게 활약을 많이 하는 편임을 알 수 있었다. 이는 보험영업에 있어 첫 1년이 얼마나 중요한지를 보여주는 가장 단적인 예다.

연봉 3천만 원 영업자,
긍정 마인드로
'1억의 벽'을 허물어라

직장생활에 333법칙이 있다고 한다. 3일을 버티면 3달을 견디고 3달을 버티면 3년을 견딘다. 그리고 3년을 한군데에서 보내면 30년을 그 자리에서 보낼 수 있다는 의미다. 이 말을 되짚어보면, 3일을 버티기 힘들고 3달을 견디기 힘들고 3년을 한군데에서 보내기 힘들다는 말이기도 하다.

모든 일에는 고비라는 것이 있고, 맥락이 전환되는 티핑 포인트라는 것이 있듯이 보험영업에도 힘든 지점이 곳곳에 있다. 그 지점은 처음에는 월소득 300만 원, 월소득 500만 원, 월소득 800만 원 즉 연봉 1억 원의 지점이다. 그런데 그 힘든 지점은 잘 넘기기만 한다면, 한 단계 성장해 레벨업을 할 수 있는 성장점이기도 하다.

연봉 구간별
보험영업자의 특성

보통 월소득 300만 원을 올리는 것은 부지런히 출근하고 일정한 상품지식만 갖고 있어도 가능하다. 이 지점까지 도달하는 데 있어 관건은 보험영업에 맞는 사람으로 재빨리 변모하는 것이다. 즉 지인들에게 보험영업을 하고 모르는 사람에게 명함을 건네고, 리플릿을 돌리는 등 낯설고 생소한 업무에 빠른 속도로 적응을 하고 성격의 틀을 바꾸어야 한다.

월소득 500만 원 달성은, 부지런히 일하고 일정한 상품지식을 갖춘 후 나를 신뢰하는 고객 100명 정도를 보유하고 있으면 가능하다. 예를 들어 자동차보험영업을 시작한 지 1년 정도가 되었을 때, 월 300만 원에 머무는 사람은 자동차보험에 가입한 고객 한 명으로 끝내는 경우가 많다.

하지만 월 500만 원으로 올라서는 영업자, 그리고 보험영업 전문가가 될 가능성이 있는 영업자는 자동차보험을 계약의 완성이 아니라 다른 계약의 연결고리로 활용한다. 화재보험과 장기보험을 권유할 수 있는 연결고리 말이다. 몇 명이 되었건 고객과 하나의 계약을 했다면, 그 고객을 영원한 내 우량고객으로 만들어야 한다. 그러기 위해 영업자에게는 단품의 고객을 다른 보험으로 연결할 수 있는 스킬, 한 명의 고객을 여러 명의 고객으로 연결할 수 있는 스킬이 필요하다.

나는 우선 자동차보험에 매진한 다음 그 고객을 상대로 화재보험, 그다음으로 인보험 등의 순서로 연결했다. 자동차보험에서 화재보험, 화재보험에서 인보험으로 진행하는 것이 연결고리를 만들 수 있는 가장 자연스럽고 수월한 순서였다. 그렇게 보험을 연결시키고 또 사람을 연결시킨 결과, 보험영업을 시작한 지 6개월 만에 내 고객이라 내세울 수 있는 사람이 100여 명 정도가 되었다.

월소득 500만 원을 위해서는 이 정도의 전략이면 가능하다. 그러나 월소득 800만 원, 즉 연봉 1억 원의 소득을 올리기 위해서는 이 이상의 것이 필요하다. 출근, 상품지식, 일정한 고객 수는 기본이고 거기에다 긍정적인 태도를 겸비해야 한다.

사실 주변 보험영업자들을 살펴보면 예외 없이 공통적인 면이 있다. 소득이 300~500만 원에 머무는 사람들은 하나같이 불평불만이 많다는 점이다. 그들은 늘 상품 탓, 사무실 분위기 탓, 동료 탓, 고객 탓을 한다. 사사건건 따지기 좋아하고 불평불만을 잘 표출하는 사람들은 그 이상 발전하거나 높은 소득을 올리지 못한다. 부정적 태도가 발목을 잡기 때문이다.

반면 연봉 1억 원 이상의 소득을 올리는 사람들을 살펴보면 모두 긍정적이다. 새 상품이 나오고 사무실에 변화가 있을 때 부정적인 토를 달지 않는다. 상품이 새로 나오면 일단 이 상품은 고객을 위한 최적의 상품이라고 믿고, 긍정적인 측면을 먼저 본다. 상품을 파는 사람이 그 상품에 대해 부정적인 마음을 가지면 절대로 해당 상품을 팔

수가 없다. 자신이 믿지 못하는 상품을 어찌 고객에게 믿게 할 수 있 겠는가.

또한 자신이 몸담고 근무하는 회사나 지점을 나쁘다고 여기면 거 기서 최선을 다할 수 없다. 자기 회사가 좋지 않은데, 그곳에서 나온 상품이 좋을 리 없다. 그런 상품을 고객에게 거짓말로 팔 수는 없지 않은가. 그러니 회사와 상품에 대해 늘상 부정적인 이들에게선 어느 선 이상의 성과가 날 수 없는 것이다.

연봉 1억 돌파 후
마음가짐은 어떻게 달라졌는가

나는 보험영업을 시작한 지 5년 만에 연봉 1억 원을 돌파했다. 해마 다 조금씩 성장하고 있는 나 스스로에게 기특하고 만족하였다. 5년 만에 평범한 영업자로서 프로페셔널이 되어 있었다. 늘 나의 한계를 깨고 나 자신을 극복하고 있는 순간순간이 값지고 행복했다.

세상에서 가장 힘든 게 나와의 싸움이다. 내면에는 늘 강한 나와 약한 나가 존재하고 그 둘은 시시때때로 격렬하게 싸운다. 하지만 나 의 마음이 하나를 향해 모아지면 주변의 불필요한 것들이 정리되면 서 목표가 뚜렷해진다. 그렇게 터널 속에서 빛이 보이듯 하나의 정점 을 향해 선명한 길이 보이기 시작하면 가장 강한 내가 된다. 나는 보험영업을 하면서 나와의 싸움에서 이기는 경험을 했다. 5년 만에, 나는 진정한 보험인이 되어 앞으로 질주하고 싶은 마음만을 가진 사람이 되어 있었다.

숯과 다이아몬드는 그 빛과 결이 다를 뿐 구성원소는 같다. 원소 결이 제각각 혼란스럽게 흩뿌려져 있으면 숯이 되고 한 결로 아름답게 정렬되면 다이아몬드가 된다. 나는 숯에서 다이아몬드가 되는 경험을 몸소 해보았다.

초기에는 영업에 나서는 내 마음속에 보험과 고객만이 아닌 나 자신의 좌절, 상심, 회의, 주저함, 두려움 등이 더 많았다. 복잡한 감정이 제각각 흩뿌려져 있었고 내가 이 일을 왜 하는지도 모르는 채 일을 나서기 일쑤였다. 나는 그야말로 숯이었다. 보험영업을 하면서도 보험의 본질과 가치는 머릿속 한 부분에만 둔 채 부끄러움과 소심함 등 수십 가지 불필요한 감정이 제각각 왔다 갔다 하는 숯이었다.

하지만 5년 만에 나는 보험에 중독된 영업자가 되어 오로지 보험의 가치와 기능을 내 고객들에게 더 많이 알리고 그들이 보험으로부터 그들의 안전과 행복을 지키기를 바라는 마음으로 똘똘 뭉쳐 있는 사람이 되었다. 숯에서 다이아몬드가 된 것이다.

연봉 2억 원의 꿈을 향해
새로운 동기부여를 하라

연봉 1억 5,000만 원, 그 선이 가장 깨기가 힘든 지점이다. 영업방법과 영업자가 가지는 개인의 마켓 환경에 변화가 온 게 아니다. 이 지점에서 위로 돌파하는 것이 특히 힘든 이유는 안주하려는 마음 때문이다.

월소득 1,200만 원, 즉 연봉 1억 5,000만 원을 받기 위해서는 성실한 근태와 출퇴근, 해박한 업무지식, 철저한 고객 확보, 긍정적인 태도는 기본이다. 거기에 더해 동기부여가 되어야 한다.

동기부여의 일정 부분은 사실상 관리자의 몫이다. 영업자가 이 정도 레벨에 올라서면 대개 사무실의 관리자는 일반 영업자에서 팀장 영업자로 승진을 시킨다. 그래서 더 큰 목표를 할당하고 더 큰 책임을 부여하며, 그 몫을 해내도록 은근히 압박한다. 혹은 자녀의 대학 입학이나 결혼 등 개인적인 삶의 변화를 언급하며, 구체적인 목표치를 레벨업시키도록 추동하기도 한다.

하지만 가장 절대적으로 필요한 것은 자기 자신의 채찍과 격려 즉 스스로의 동기부여다.

나를 채찍질해줄
새로운 경쟁자이자 멘토를 찾아라

나는 2011년 말 38세에 월소득 1,500만 원을 넘어섰다. 내가 근무하는 지점에서 소득으로는 내가 톱이었다. 월소득 1,500만 원. 사는 데 전혀 부족함이 없는 돈이다. 그래서일까? 그 무렵 나는 현실에 안주하기 시작했다. 이 정도면 꽤 잘해왔고, 결코 적지 않은 수입이니 이대로만 계속 한다면 괜찮겠다고 생각했던 것이다.

전국적으로 따져본다면 나보다 실적이 좋은 사람이 상당히 많았지만, 수원에 있는 삼성화재 건물 전체에서 나보다 잘하는 사람은 딱 한 명뿐이었다. 바로 도미숙 팀장이다. 그 실력과 열정에 늘 감탄해 마지않았고, 정말 영업을 잘하는 사람이라고 인정하던 선배였다.

2011년 말, 조직개편이 되면서 도미숙 팀장이 우리 사무실로 왔다. 덜컥 위기감을 느꼈다. 물론 도 팀장은 나보다 한참 위 선배였기에 경쟁상대로 여길 분은 아니었지만, 늘 사무실 톱을 지키던 내게 나보다 훨씬 잘하는 사람의 등장은 위기감을 느끼게 했다.

도전의식이 발동했다. '저 사람을 이겨보자!' 개인적으로 다음해인 2012년 1월이면 둘째 아이가 태어날 때였다. 그건 가장으로서 무게감이 두 배가 된다는 의미이기도 했다. '두 배 더 능력 있는 남편, 두 배 더 든든한 아빠가 되어보자.' 사무실 안에서의 승부욕과 도전의식 그리고 개인적인 책임이 의욕으로 똘똘 뭉쳐졌다.

2012년 1월 첫날, 그해 연봉 2억 5,000만 원이라는 목표를 잡았다. 그렇다면 작년에 비해 7,000만 원을 더 올려야 한다. 어떻게 해야 할까. 당시 회사에서 영업자에게 5W를 하도록 이슈화를 하는 중이었다. 나는 회사의 이슈에 맞추어 5W에 도전했다.

회사의 목표 관리 기준은 월이다. 월말에 마감을 마치고 월초가 되면 마음의 여유가 다소나마 생기지만 한편으로 걱정이 엄습한다. '이번 달에는 어디서 어떻게 팔아야 하나.' 이런 걱정과 두려움은 늘 변치 않고 찾아온다.

1W, 3W, 5W 등은 마감의 기준을 월이 아닌 주로 하는 것이다. 1W 즉 한 주에 새 계약 10만 원 이상 기록을 10주 연속 달성하면 시상을 하고, 20주 이상 연속 달성하면 더 큰 시상을 한다. 1W, 3W, 5W 등 일주일 동안 목표 금액을 10만 원으로 할지, 30만 원으로 할지, 50만 원으로 할지는 영업자 각자가 연차, 실력, 고객 수, 개인적인 월·연 목표를 감안해 정한다.

회사에서 이슈화해서 하게 한들 본인이 자기관리를 하면서 하지 않는 이상 힘들다. 나는 목표를 5W로 잡고 실천 목표로 매일 3제안을 하기로 정했다. 7년 전에 3W를 목표로 일을 한 적이 있다. SSU에서 공부를 할 때 5W를 1년 연속으로 해낸 분이 있었는데, 고창에서 일하는 오수봉 선배였다. 당시만 해도 난 보험 새내기였고 그 선배는 10년차 베테랑이었다.

나는 그 선배를 보며 목표 세팅, 계획 수립, 실천 등 이 모든 프로세스를 자기 스스로 관리하면서 5W를 해내는 그를 정말 대단하다고 여기며 존경했다. 그의 업적에 동기부여가 된 나는 사무실에 돌아오자마자 곧바로 3W에 도전했다. 물론 쉬운 일은 아니었지만 목표를 정하고 최선을 다해 매진하다 보니 연속으로 25주 동안 3W를 달성해냈다. 그러나 거기서 멈추고 말았다. 솔직히 말하자면 3W를 시작할 때 내 목표는 1년 즉 52주 연속 달성이었다. 그러니까 25주 만에 실패한 셈이었다.

계약에만 급급해서 '제안'을 놓치면 안 된다

나는 5W를 시작하면서 7년 전 3W 목표를 중도에 실패할 수밖에 없었던 이유를 되새겼다. 또한 그때 당시 미처 알지 못했던 이유까지 전부 떠올리며 분석해보았다. 20주 이상 큰 어려움 없이 달성하던 3W 목표가 20주가 넘어서면서 갑자기 많이 힘들어졌다. '3W 52주 달성이 이만큼 어려웠구나' 하며 하소연했던 당시와 달리 7년이 지나고 보니 그때 실패한 이유가 분명하게 보였다.

초기에는 고객을 만나 부지런히 제안을 하는 데 열정을 다했다. 그러다가 20주를 넘으면서부터 당장 계약을 하는 데에만 급급했던 거였다. 계약을 하는 것만으로 바빠지면서 한동안 제안에 소홀했고, 몇 주가 지나면서부터는 그 전에 제안해놓은 건수가 그다지 많지 않았던 탓에 자연히 계약의 건수가 줄어든 것이다. 즉 뿌려둔 씨가 없으니 수확할 것이 없어진 셈이다.

제안을 하면 당장 계약을 하는 사람도 있지만 한 달 후에 하는 사람이 있는가 하면, 석 달 후에 하는 사람도 있다. 계약 하나를 성사시키기 위해서는 제안을 미리 3~4건 이상 해놓아야 한다. 3~4건의 제안 중 실제로 성사되는 것은 1건 정도이기 때문이다. 따라서 3W를 지속적으로 해나가기 위해서는 계약을 한 날에도 동시에 또 제안을 여러 건 해야 했던 것이다. 실패의 원인은 바로 그것이었다.

7년 전 실패를 답습하지 않기 위해서 5W를 시작하면서는 구체적으로 '하루 3제안'을 원칙으로 삼았다. 당장의 계약 성사도 중요하지만, 무엇보다 계약을 위한 씨 뿌리기에도 소홀하지 않기로 한 것이다.

2012년도에 시작해서 그해 12월에 5W를 52주 달성했다. 그때 비로소 나는 연봉 2억 원을 넘어섰다. 월소득 500만 원을 달성하는 순간만큼이나 연봉 2억의 달성은 삼성화재에서 큰 의미가 있다. 바로 시니어 SSU 과정 입학 자격이 생기기 때문이다.

이 지점에서는 다시 한 번 우물 안 개구리가 다른 세상을 보는 순간이 필요하다. 내게는 그 순간이 바로 시니어 SSU와 사내 MBA 공부의 기회를 가져다준 시간이었다. SSU와 사내 MBA를 밟는 이들은 하나같이 자기 일에 자부심이 넘치고 무한 긍정 에너지를 뿜어내는 사람들이었다. 나는 그들 중 한 명으로 있으면서, 같은 자부심을 느끼고 같은 에너지를 뿜어내는 사람이 되기로 마음먹었다.

2013년 11월에, 5W를 100주 연속 달성하면서 연봉 3억 원이 넘었다. 그 후 부지런히 달려 2014년 12월에는 5W 150주 연속 달성을 해냈다. 남자 영업자로서는 최초, 최연소 5W 기록이었다. 삼성화재 전체에서 나는 15등, 도미숙 선배는 19등을 했다는 소식을 본사로부터 전해 들었다. 그리고 나는 따로 시간을 내어 도미숙 선배와 식사를 했다. 선배와 나는 개인적으로는 누나 동생 하는 친한 사이다.

"누나, 고마워요. 앞에 누나가 없었으면 저 이렇게까지 올라오지 못했어요."

"하하하. 진짜 축하한다. 수고했어."

선배는 진심으로 축하해주며 격려해주었다.

2015년 마감 시상식. 삼성화재 3만 8,000명 영업자 중에서 나는 15등을 했고, 고객만족대상 금상을 수상했다. 내 앞의 14명은 모두 여자였으며, 남자로서는 전사에서 1등이었다.

나의 다음 목표는 보험왕이다. 기준요건을 충족하면 되는 절대평가로 수상하는 고객만족대상과 달리 상대평가로 결정되는 보험왕은 영업 총점으로 결정된다. 전사에서 가장 점수가 높은 단 한 명이 보험왕이 된다.

영업의 꽃,
보험왕을 꿈꾸기 위한 조건

영업의 꽃이라 불리는 보험왕이 되는 것은 모든 영업자들의 꿈이 아닐까 싶다. 그리고 그런 꿈이 열정이라는 불씨를 일으키기도 한다. 사실 보험왕이라고 하면 뭔가 대단하고 특별한 전략이 있을 것이라 생각하고 그것이 무엇일까 궁금해한다. 평범한 보험영업자와는 다른 노하우 말이다.

물론 그런 것도 필요하고 각자 자기만의 영업전략과 전술은 있어야 한다. 그러나 진정 보험왕이 되기 위해서는 더 중요한 게 있다.

연봉을 많이 받는다고 해서
모두 보험왕이 되는 것은 아니다

앞서 말했듯이 모든 일에 맥락이 전환되는 티핑 포인트라는 것이 있다. 그런 티핑 포인트를 잘 활용해 자신의 능력을 업그레이드할 때마다 한 단계씩 성장하게 되고 자연히 연봉은 상승하게 된다. 그러나 능력을 인정받아 연봉이 상승한다고 해서 다 보험왕이 되는 것은 아니다.

보험영업자들이 연간 보험상품을 판매하고 나면 전체 수수료를 받는데, 보험회사마다 수수료 체계는 다르다. 하지만 보편적으로 수수료를 많이 받는 영업자가 연봉이 많고, 당연히 판매왕이 될 수 있는 가능성 또한 높다. 그러나 남들보다 많은 연봉을 받는다고 해서 모두가 판매왕이 되는 것은 아니다.

삼성화재에서 14년간 판매왕을 차지한 우미라 RC님은 대략 6억 원 정도의 연봉을 받는다. 연봉이 더 높은 영업자도 있을 수 있지만 판매왕은 여러 가지 지표에서 우수해야지만 선정이 되기 때문에 연봉이 절대 조건은 아니다.

보험왕이 되기 위해서는 장기보험, 자동차보험, 일반보험, 손해율, 유지율, 자동차갱신율 등등 여러 가지 항목에서 실적을 살피게 된다. 그리고 그 모든 지표를 정산해 총점이 가장 많은 사람이 1위가 되고, 그 사람이 판매왕이 되는 것이다.

보험왕에겐 다른 이에게 없는 특별한 무언가가 있다

나의 멘토이자 삼성화재 보험왕인 우미라 RC님과 함께 근무했던 지점장님들에게 그분의 영업방법에 대해 몇 차례 질문을 했던 적이 있다. "우미라 RC님은 영업을 어쩜 그렇게 잘 하세요? 무슨 노하우가 있는 건가요?"라고 물으면 하나같이 '정말 부지런하다'는 이야기를 들려주신다.

별 특별할 것도 없지만 또 한편으로는 너무도 공감되는 이야기다. 처음에는 '뭔가 특별한 방법이 있겠지. 그렇지 않고는 어떻게 저렇게 할 수 있지'라고 생각해 직접 사무실을 찾아간 적도 있다. 노하우를 알아내 벤치마킹을 하려고도 했다. 그러나 지금은 예전과는 생각이 많이 달라졌다. 우미라 RC님뿐 아니라 모든 보험왕들에게는 우리가 생각하는 것과는 다른 공통점이 있다. 특별한 노하우나 비밀 병기 같은 전술보다 본질적인 가치를 놓치지 않는다는 점이다.

첫째, 어느 누구 할 것 없이 보험왕들이 가진 공통점을 살펴보면 한결 같은 꾸준함과 절대 포기하지 않는 근성이 있음을 알 수 있다. 어떤 일을 하는 데 있어 꾸준함이 가진 힘만큼 대단한 게 있을까?

단번에 성공하는 사람은 드물다. 수백 번의 거절을 당하며 그 안에서 성공을 이끈다. 한 번 거절당하면 두 번 도전하고, 두 번 거절당하면 세 번 도전하는 식이다. 쉽사리 포기하지 않는 근성, 절망적인 상황에 놓여도 다시 일어나는 불굴의 의지, 그리고 쉬이 지치지 않으며 한결 같은 꾸준함을 유지하는 끈기와 인내심, 이런 것들이 보험왕을 만든 근원적 힘이 된다.

둘째, 감동한 고객이 다른 고객을 부르게 한다. 그래서 신규 고객을 유치하는 데도 신경을 쓰지만, 기존 고객을 제대로 관리하는 데 더욱 중점을 둔다. 또 일정 기간을 정해 고객의 불만사항을 꼼꼼히 체크해 반드시 그 부분을 해결해준다. 한 명의 고객을 얻는 것은 100명, 1000명의 잠재 고객을 얻는 것과 같기 때문이다. 여러 번 언급했지만 보험상품을 하나 더 파는 것보다 중요한 것은 고객의 믿음을 얻는 것이다.

셋째, 보험왕은 만능 재테크 전문가다. 보험뿐 아니라 펀드와 부동산, 금융에 대해서 잘 아는 재테크 전문가가 되어야만 한다. 그래야 고객이 궁금해하는 것들에 대해 조언해줄 수 있고, 단지 보험상품을 파는 데서 멈추지 않고 고객이 믿고 의지하는 재테크 상담원이 돼줄 수 있다.

넷째, 내부 고객에게도 최선을 다한다. 고객보험금 청구, 차량긴급 출동, 안심콜 등 고객이 많을수록 업무량은 늘어난다. 어느 정도 성과 이상을 달성하게 되면 업무를 도와줄 직원들이 반드시 필요하고 그들과 한 팀으로 일을 해야 한다. 현장에서 움직이는 영업자는 고객과 중요한 부분에 터치를 집중하고 나머지 일은 직원들이 서포트해주며 협력해야 성과를 극대화할 수 있다.

이때 중요한 건 공통의 가치를 위해 함께 나아가는 파트너십이다. 일이란 절대 혼자 할 수 없으며 각자의 자리에서 제 몫을 다 해낼 때 시너지를 내는 것이다. 결국 외부 고객을 관리하기 위해서는 함께 일하는 사람들, 즉 내부 고객과의 파트너십이 중요하다는 의미다.

스스로 나의 일을 사랑해야 고객도 나를 믿는다

이렇게 언급한 것 외에 가장 중요한 건 자기 일에 대한 사랑과 열정이다. 스스로가 자신의 일의 가치를 믿어야 고객도 믿는다. 나 역시 처음엔 오르지 못할 나무라고 생각했던 곳에, 꾸준히 노력하고 도전하니 도착해 있었다. 아직 정상은 아니지만 지금 위치에서 생각하면 아직 조금 남아 있는 이 나무의 꼭대기에 오르기 위해 또 다른 도전을 준비한다.

15년간 영업을 하며 참 많은 경험을 하고 많은 것을 느꼈다. 어떤 영업자는 본인이 몸담고 있는 조직(지점, 팀)에서 자신이 최고라고 생각한다. 본인이 자신의 조직의 중심이 되어 늘 화제를 불러일으키고 1등이 되고, 관심의 대상이 되기를 원하는 이들이 있다.

그러나 1등이라는 자리, 명예에 집중하기 시작하면 일에 대한 열정은 사그라들게 마련이다. 중요한 것은 자기 일에 대한 가치, 본질적 열정을 놓치지 않는 것이다. 보험왕이라는 타이틀은 스스로 업에 헌신할 때 비로소 찾아온다.

이석원의 원포인트 레슨 ④

보험영업을
천직으로 만들기 위해
지켜야 할 10계명

제1계명

출발선은 같아도
결승점을 통과할 땐 달라진다

보험영업을 이제 막 시작한 신입들의 출발점은 같다. 그러나 달려가는 모습도 속도도, 결승점을 통과하는 순서도 각기 다르다. 보험영업을 시작한 이유와 마음가짐, 그리고 목표가 저마다 다른 것처럼, 이후의 모습과 결과도 다를 수밖에 없다.

제2계명

고비를
성공의 전환점으로 삼아라

모든 일에는 고비라는 것이 있고, 보험영업에도 힘든 지점이 곳곳에 있다. 월소득 300만 원, 월소득 500만 원, 월소득

800만 원이 바로 그 지점이다. 그런데 그 힘든 지점들은 성장점이기도 하다. 그 고비를 넘길 때마다 한 단계씩 성장해 레벨업을 할 수 있을 것이다.

제3계명

보험과 영업에 대한 믿음을 가져라

영업자는 보험의 의미와 가치를 믿고 스스로 중독되어야 한다. 나는 보험의 가치에 대해 스스로 매력을 느껴야 고객에게도 그 가치를 설명할 수 있다고 생각한다. 그래서 고객에게 보험에 가입하라고 권유하지 않는다. 중요한 것은 보험의 가치를 제대로 알려 그 필요성을 스스로 인식하게 하는 것이다.

제4계명

가족에게 달라진 모습을 보임으로써 인정받아라

가족들에게 자신의 달라진 모습을 보여라. 보험영업을 시작한 이상 가장 가까운 사람들에게 내가 변한 모습을 보여줘야 한다. 가장 가까이에 있는 사람을 이해시키고 설득하지 못하면서 밖에 나가 고객을 내편으로 만든다는 것은 어불성설이다. 가족들의 믿음과 지지를 얻고, 그들의 시선을 바꿈으로써 인생을 사는 태도를 바꿔라.

제5계명
키맨을
많이 만들어라

키맨이란 내가 무엇을 할 때 무조건적으로 나를 지지해주는
사람이다. 고객과 만나기로 한 약속이 깨지는 경우는 생각보
다 많다. 이럴 때, 허탕 쳤다고 생각하지 말고 키맨을 만나라.
이들을 잘 활용하면 주변에 일 잘하는 능력 있는 사람으로 이
미지를 심어줄 수 있다. 이때 반드시 유념해야 할 점은 한가해
서 그들을 만나러 온 것 같은 느낌을 주어서는 안 된다는 점이
다. 만나는 시간은 아무리 길어도 2시간을 넘기지 않는다.

제6계명
지인에게도
전문가처럼 다가가라

처음에는 보험영업을 하게 되었음을 알리는 정도로만 접근해
야지 대뜸 보험에 가입해 달라고 제안하면서 그들에게 부담을
주어서는 안 된다. 친구로서 옛정을 이용해 상대에게 은근한
요구를 하거나 부담을 주지 마라. 또 당장 실적 올리는 것에
급급하단 이유만으로 보험에 가입할 마음이 없거나 새 계약을

할 상황이 아닌 사람에게 사정하거나 강요하는 것은 득보다 실이 많다.

제7계명
✓ 보험영업의
골든타임을 놓치지 마라

대체로 시간이 조금 지나 보험영업에 자신감이 붙었을 때 주변에 이야기해야겠다고 마음먹고 미루는 경우가 많은데, 그러다가 골든타임을 놓치게 된다. 보험 가입이 절실한 누군가가, 지금 이 순간 다른 영업자를 만나고 있을지도 모른다.

제8계명
✓ 보험영업
첫 1년이 중요하다

보험영업을 시작한 첫 1년은 다른 일을 하던 내가 보험영업자로 탈바꿈하는 시간이다. 스스로 나를 바꾸고 주변 사람들이 나를 보는 시선을 바꿔라. 15년 이상 영업을 해보니 신인상을 받는 사람 대부분이 그 후로도 꾸준하게 활약을 많이 하고 있음을 알게 되었다. 이는 보험영업에 있어 첫 1년이 얼마나 중요한지를 보여준다.

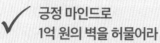

제9계명

긍정 마인드로
1억 원의 벽을 허물어라

직장생활에 333법칙이 있다고 한다. 3일을 버티면 3달을 견디고 3달을 견디면 3년을 견딘다. 그리고 3년을 한군데에서 보내면 30년을 그 자리에서 보낼 수 있다는 것이다. 보험영업도 구간별로 위기가 찾아온다. 그러나 긍정 마인드로 무장하고 위기를 잘 넘기면 어느새 연봉 1억 원이 눈앞에 와 있을 것이다.

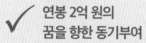

제10계명

연봉 2억 원의
꿈을 향한 동기부여

연봉 1억 5,000만 원 지점은 가장 깨기 힘든 지점이다. 영업방법과 영업자가 가지는 개인의 마켓 환경에 변화가 온 게 아니다. 이 지점에서 위로 돌파하는 것이 특히 힘든 이유는 안주하려는 마음 때문이다. 계약에 급급하거나 현실에 안주하려는 자세를 버리고 스스로에게 동기부여하면, 연봉 2억 원도 결코 남의 이야기가 아니다.

CHAPTER 05　성공하는 보험영업자의
자기관리법

선배들의 모습을 보면서

승승장구하는 영업자, 도태되어가는 영업자의

차이가 태도와 자기관리에 있음을 알았다.

그러하기에 롤모델이 되어줄 선배,

지혜를 나눠줄 멘토는 반드시 필요하다.

그들은 나의 성장에 더없이 소중한 존재다.

THE POWER OF
SINCERITY

보험영업자가
꼭 갖춰야 할
9가지 태도

성공하는 사람과 그렇지 않은 사람의 차이는 어디에서 오는 걸까? 요즘 젊은 세대들이 말하는 흙수저, 금수저 같은 타고난 배경도 영향을 미칠 것이고, 학력이나 인맥 등도 차이를 만드는 중요한 요소인 것은 분명하다. 하지만 나는 그보다 더 결정적인 것은 '태도'라고 생각한다.

보험영업을 시작한 지 얼마 지나지 않아 선배들의 모습을 보면서 태도야말로 성공과 실패를 가르는 가장 큰 조건임을 깨달았다. 승승장구하는 영업자, 서서히 도태되어가는 영업자의 차이는 바로 태도와 자기관리에 있었다. 나는 그들을 가까이에서 보면서 영업자로서 반드시 갖추어야 할 태도와 해서는 안 되는 것이 무엇인지 알게 되었다.

그 과정에서 나는 보험영업자로서의 자기관리 철칙을 하나씩 세워 나갔다. 반드시 해야 할 것과 절대 해서는 안 되는 것을 정해놓고 어떤 경우, 어떤 순간에도 지켜나가리라 스스로에게 다짐했다.

보험영업자에게 가장 필요한 태도는 어떤 것일까

보험은 사람과 사람의 대면 영업으로 이루어지는 일이다. 그래서 어떤 분야보다 좋은 태도가 중요하다. 그렇다면 영업자에게 좋은 태도란 무엇일까? 우선은 성실하고 열정적인 삶의 자세를 꼽을 수 있다. 이런 태도를 갖추고 있어야 쉽게 좌절하거나 포기하지 않고 꾸준히 해나갈 수 있을 것이다. 그 외에 내가 중요하게 생각하는 태도는 바로 '공감'이다.

보험영업자는 단순히 상품 판매자가 아니라 고객의 '위험관리자'이다. 그러므로 실제 사고를 당한 고객에게는 내 가족처럼 성심껏 온 마음을 다해 도움을 주는 게 보험영업자의 소명이라고 생각한다. 이때 바로 공감의 태도가 필요하다. 고객이 어려움에 처했을 때 내 가족의 일처럼 그 아픔을 공감하지 못하면 절대 최선을 다할 수 없다.

나는 고객이 사고를 당하거나 가게에 불이 나면 바로 현장으로 출동한다. 그보다 중요한 일은 없기 때문이다. 현장에서는 고객을 최대한 안심시키고 고객을 대신해서 각종 현안들을 해결해나가며 절차마다 상세히 논의한다. 그리고 보상 문제가 잘 마무리될 때까지 최선을 다한다. 사실 영업자로서 기계약 고객보다 신규 계약의 가능성이 있는 고객에게 더 많은 시간을 할애하고 매진하는 것은 어쩔 수 없는 일이다. 하지만 눈앞의 이익만 쫓아가다 보면 내가 어려움에 처했을 때 도움 받을 여지도 그만큼 줄어든다. 실제로 나는 기존 고객들이 소개해준 이들과의 계약률이 상당히 높은 편이다.

진심으로 공감하고 적극적으로 대처해주는 영업자에게 고객은 믿음을 가질 수밖에 없다. 그리고 뜻밖의 사고를 경험하고 나면 경각심이 생겨서 자신의 가족도 보험에 가입시키고 지인들이 보험에 관해 문의를 하면 자연스럽게 나를 떠올리게 된다.

가장 기본적인 것이 가장 중요한 것이다

영업자에게 태도만큼 중요한 것이 자기관리를 위해 반드시 지켜야 하는 철칙들이다. 내가 세운 철칙 중 가장 첫 번째는 바로 어떤 일이 있어도 출근을 거르면 안 된다는 것이다. 이는 아무리 강조해도 지나치지 않다. 보험영업자들은 일반 회사에 다니는 직장인들처럼 출퇴근 관리를 받거나 윗사람의 눈치를 보지 않기 때문에 출근에 대해서도 저마다 다른 생각을 갖고 있다.

　그래서 팀마다 한두 명씩 출근하지 않는 사람은 꼭 있다. 그런데 그 한두 사람이 조직문화에 미치는 영향은 지대하다. 사람은 누구나 안 좋은 것부터 배우게 마련이다. 출근하지 않는 사람이 있다 보면 사무실 분위기와 팀원들의 영업 태도도 느슨해지고 당연히 실적도 오르지 않는다.

　둘째는 회사에서 하는 교육에는 무조건 참여하라는 것이다. 사내에는 보험에 관한 기본지식, 고객상담 스킬, 화법 등 수많은 교육 프로그램이 있다. 영업자들 중에는 이런 교육을 중요하게 생각하지 않는 경우도 있는데 내 생각은 다르다. 새로운 정보를 가장 빠르게 습득할 수 있고, 성공한 영업자들의 생생한 사례를 접할 수 있는 것도 사내교육이라고 생각한다. 나는 같은 강의를 여러 번 듣기도 한다. 강의도 처음 들을 때보다 두세 번째 들을 때 이해도가 훨씬 높다. 아는 만큼 더 잘 보이고 그만큼 깨닫는 것도 많아지는 법이다.

　영업을 시작할 때 이 두 가지 기본적인 철칙만 잘 지켜도 1년 후 월 300만 원의 소득은 올릴 수 있다고 자신한다. 실제로 내가 리쿠르트해서 이 일을 하게 된 이들 중에 이 두 가지를 철저히 지킨 분들은 모두 다 성공적으로 안착했다.

　셋째는 지역마다 나의 지정병원과 공업사를 꼭 갖고 있어야 한다는 것이다. 특히 정형외과, 피부과, 내과, 안과, 소아과는 꼭 개척해야 한다. 나는 해당 병원장을 직접 만나 내 고객이 사고가 나서 다쳤을 때 이 병원으로 보내드릴 테니 잘 좀 부탁드린다는 인사와 함께 고객이 치료받고 다녀가면 해당 서류를 나에게 보내달라는 당부도 했다.

그리고 지역마다 공업사를 지정해서 대표도 만났다. 마찬가지로 내 고객의 차가 사고를 당했을 때 여기로 입고시킬 테니 고객이 AS에 대한 불만이 있는 경우 백 번이고 천 번이고 다시 고쳐달라는 확약을 받아놓았다. 뿐만 아니라 내 고객의 차가 자차 사고가 났을 경우에 공업사 차를 고객이 있는 곳으로 직접 보내달라는 당부도 해둔다. 이는 내 고객들을 위한 기본적인 서비스다.

넷째는 구체적인 목표를 설정한 다음에는 잘 보이는 곳들에 붙여두라는 것이다. 나는 목표를 정한 다음에는 책상, 차, 집 안에 붙여두고 와이셔츠 소매 등에도 새겨놓는다. 와이셔츠 소매에 '5w 52주' 목표를 새겨놓고 핸들을 잡을 때마다 볼 수 있도록 했다. 이렇게 하면 늘 목표를 상기하면서 일하게 되어 긴장의 끈을 늦출 수가 없다.

마지막으로 강조하고 싶은 철칙은 매월 마지막 날까지 혼신의 힘을 다하라는 것이다. 내가 목표로 정해놓은 수치를 예상보다 일찍 달성했을 경우 그 달의 남은 날들은 심리적으로 느긋해지게 마련이다. 그러다 보면 긴장이 늦춰져 지인의 소개나 계약 가능성이 있는 미팅도 미루게 된다.

하지만 절대 그래서는 안 된다. 잠시 미룬 사이 그 고객은 다른 영업자와 계약할 수도 있고, 고객에게 다른 일이 생겨 미팅을 미루게 되거나, 고객이 불의의 사고를 당해 당분간 보험계약을 못할 수도 있

다. 기회는 두 번 다시 오지 않는다는 생각으로 약속은 절대 미뤄서
는 안 된다.

보험영업자가
절대 해서는 안 되는 것들

반드시 지켜야 하는 철칙만큼이나 중요한 것이 절대 해서는 안 되는
것들이다. 영업 경험이 쌓여가고 여러 차례 시행착오를 겪다 보면 고
객에게 이것만큼은 절대 해서는 안 되겠구나 하는 말과 행동이 있다.
우선 고객에 대한 불만은 절대 입 밖으로 내뱉어서는 안 된다. 앞서
도 언급했지만 언제 어디서나 고객이 나의 말을 듣고 있다는 생각으
로 언행에 주의해야 한다. 영업자들끼리 혹은 지인들과의 술자리에
서 고객에 대한 험담을 해서 나중에 곤혹스러운 일을 당한 사례도 적
지 않다.

둘째, 사소한 약속도 어겨서는 안 된다. 약속장소에는 항상 먼저 가
서 기다려야 한다. 최소한 5분 전에는 미리 가서 무슨 이야기를 나눌
지 사전에 철저히 준비해야 한다. 그리고 고객이 요청하는 사소한 사
은품이나 정보도 메모해두었다가 반드시 피드백해서 약속을 지켜야
신뢰를 얻을 수 있다.

셋째, 직접적으로 보험에 가입하라는 권유는 하지 마라. 보험에 가

입할 것인지 말 것인지를 최종 결정하는 것은 고객이다. 절대 영업자가 가입을 권유해서는 안 된다. 간혹 '이번 달 마감을 채워야 한다'거나 '시상이 있는데 좀 받게 해달라'는 식으로 이야기하는 경우가 있다. 이는 고객에게 거부감과 부담만 줄 뿐이다. 계약에 도움이 되지 않을 뿐더러 계약이 성사된다고 하더라도 유지가 잘 되지도 않는다.

넷째, 절대 한두 명의 지인에게만 매달려서는 안 된다. 보험영업 초기에는 가까운 지인들에게 거절을 당하면 큰 상처를 받는다. 별다른 영업 노하우나 인맥도 없으니 지인들에게 의지하게 되는데 그들이 모두 가입해주고 실질적인 도움을 주지는 않는다. 그러므로 가능한 많은 이들에게 보험을 시작했음을 알리고 제안해놓아야 한다.

그리고 아무리 아는 사람이 많다고 해도 지인영업과 개척을 동시에 해야 한다. 연고가 많고 지인이 많더라도 30퍼센트 정도는 개척에 시간을 할애해야만 한계에 부딪치지 않고 지속적으로 활동할 수 있다. 마찬가지로 영업에 아무리 자신이 있어도 지인영업은 30퍼센트 정도의 비중으로 유지해나가야 한다. 한 가지 영업에만 치중할 경우 시장은 언젠가 고갈된다.

보험사기를 비롯한
위기관리 노하우

학창시절 운동부원이었고 사격선수 생활도 오래 해서인지 나는 늘 목표를 나의 한계치 이상으로 잡고, 그것을 깨는 것을 당연한 것으로 받아들인다. 아직까지 스스로 이게 나의 한계라고 느낀 적도, 목표를 달성했다고 해서 안주한 적도 없었다. 그래서 아직까지는 매출 목표 달성과 관련해서도 위기의식을 느낀 적이 없다.

그런데 예기치 않은 위기로 그동안 쌓아온 내 모든 것을 잃을 뻔한 일이 있었다. 바로 지인의 보험사기 덫에 빠진 것이다. 초등학교 동창 중에 내게 자동차보험을 가입한 친구가 있었다. 몇 년 동안 지속적으로 내게 자동차보험을 가입해왔기에 그 해에도 자동차보험 만기가 돌아와 갱신하겠느냐는 연락을 했었다.

믿는 도끼에도
발등은 찍힌다

"석원아, 미안한데 올해는 장사가 안 돼서 갱신을 못하겠는데 어쩌지?"

"그래? 그럼 책임보험이라도 꼭 가입해. 책임보험은 의무사항이라 보험에 들어놓지 않으면 불법이야."

"그래, 알겠다. 내가 며칠 후에 연락할게."

하지만 그 친구는 만기가 한 달이 지났는데도 갱신하지 않았다. 그후 한 달쯤 지난 어느 금요일 밤, 업무를 끝내고 집에서 쉬고 있는데 그 친구에게서 전화가 왔다. 꽤 다급한 목소리였다.

"석원아, 연락 늦어서 미안하다. 지금 바로 갱신할게."

그런데 이미 업무시간이 끝난 후라서 나는 친구에게 월요일에 처리하겠다고 말했다. 그런데 그 친구가 미리 돈을 보내놓으면 안 되느냐고 묻는 게 아닌가. 그동안 갱신하라고 연락할 때마다 차일피일 미루더니 왜 이렇게 느닷없이 연락을 해서 입금부터 하겠다고 하는지 조금 의아스럽기는 했지만 계좌번호를 불러주었고, 월요일에 바로 갱신처리해주겠다고 말했다.

그런데 월요일 아침 출근하자마자 회사로부터 그 친구의 차가 사고 났다는 연락을 받았다. 정식으로 보험 갱신계약이 이루어지지는 않았지만 보험료가 입금되어 있기 때문에 보상하는 데는 문제가 없겠다고 생각했다. 절차대로 보상업무를 진행했고 처리도 잘 되고 있다고 믿었다.

그러던 어느 날 회사 조사과에서 전화가 왔다. 그 친구의 사고 보상업무를 위해 조사해봤더니 뭔가 미심쩍은 부분이 발견되었다는 것이다. 그 부분을 집중적으로 파고들었더니 일종의 보험사기 행각이 드러났다는 게 아닌가.

조사과에서 조사한 결과, 사건의 진실은 이랬다. 그 친구는 금요일, 즉 아직 자동차보험이 갱신되기 전날 주유소에서 기름을 넣고 자동 세차기에서 세차를 했다. 자동세차기에 들어갈 때는 드라이브를 N에 놓고 들어가야 하는데 그 친구는 드라이브를 D에 놓고 브레이크를 밟은 채 들어갔고, 그 결과 세차기의 일부분이 망가졌다.

주유소 사장이 변상을 요구하자 그 친구는 현재 자신의 차가 자동차보험에 들어 있지 않음을 밝히면서, 보험을 갱신한 후에 바로 처리할 테니 사고 시점을 하루 뒤로 하자고 제안한 것이다. 이는 엄연한 보험사기다.

조사과에서는 세차기 검사 결과와 주변인들의 진술을 토대로 정확한 사고 일자와 일시를 밝혀내 친구를 군포경찰서에 입건했다. 그런데 그 친구가 경찰서에서 "삼성화재 영업자 이석원이 그렇게 하라고 해서 했을 뿐"이라고 어처구니없는 진술을 한 것이다. 졸지에 보험사기 공모자가 되어버렸다. 누명을 벗지 못하면 나는 회사를 퇴사하고 보험영업자로서의 커리어도 포기해야 하는 절체절명의 위기에 직면

하게 되었다.

경찰의 본격적인 수사가 시작되었고, 진실을 밝히기 위해 통화내용부터 정황을 모두 정확히 진술했다. 경찰의 수사가 계속되는 보름 동안의 스트레스는 이루 말로 다 할 수 없는 것이었다. 그동안 숱한 어려움 속에서도 포기하지 않고 여기까지 왔는데 이렇게 불명예스럽게 내 보험영업자로서의 인생이, 아니 내 인생이 송두리째 흔들릴 수도 있겠다는 생각을 하니 암담했다.

보험사기 등의 위기에 현명하게 대처하는 법

경찰의 수사가 막바지에 이르렀을 무렵, 나는 경찰서로부터 출석하라는 연락을 받았다. 그 친구가 진술을 번복했다는 것이다. 나와는 그런 이야기를 나눈 적이 없고 자기가 먼저 그렇게 하자고 주유소 사장에게 말했다고 진술했는데, 나중에는 또 진술을 번복해서 자기 가게에 매일 전단지 주러 오는 설계사가 그렇게 조언해서 그 말을 따랐다고 했다는 것이다. 어쨌든 나는 조사 끝에 관련한 모든 혐의를 벗게 되었다.

마치 큰 태풍이 내 인생을 송두리째 들었다 놓은 것 같았다. 그 사건을 겪은 후 나는 큰 깨달음을 얻었다. 잠시라도 긴장과 경각심을 늦추면 어처구니없는 일을 당할 수 있다는 것을 몸소 겪었기에 말 한 마디라도 조심해야 한다고 스스로에게 다짐했다. 사실 일반 건강보험에서도 이런 일들은 자주 발생한다. 고객들이 혼자 꾸민 보험사기를 보험영업자와 공모했다고 진술하는 것이다.

그날 이후 나는 문제의 소지를 없애기 위해 사전에 철저히 대비한다. 위기는 어쩌면 밖에서 오는 것이 아니라 내가 초래하는 것일지도 모른다는 경각심을 갖게 되었기 때문이다. 그래서 계약 내용 중 중요하고 민감한 내용에 대해서는 회사 서류 외에 내가 직접 만든 양식에 추가적으로 한 번 더 적고, 서로 확인한 뒤 날인해서 주고받는다. 보험사기가 갈수록 진화하고 조직화되고 있기 때문에 그 누구도 자유롭지 않다. 보험영업자라면 누구나 보험사기를 당할 수 있다는 생각으로 긴장의 끈을 늦추어서는 안 된다.

보험사기 범죄는 과거에는 생계형 단독범행이 많았다면 요즘은 보험사기 전문 브로커가 병원의 사무장이나 자동차정비업체와 결탁해 범행을 저지르고 환자와 병원, 일가족 등 여러 명이 집단으로 보험사기에 뛰어드는 사례도 늘어나고 있다. 그래서 국회와 보험업계에서는 보험사기를 줄이기 위한 대책으로 '보험사기죄' 신설과 처벌 강화를 주장하고 있다.

하지만 이런 정책적 조치만으로 보험사기가 줄어들지는 않을 것이다. 다른 범죄와 마찬가지로 점점 더 지능화될 수도 있다. 그러므로 영업자 스스로 사기 당할 위험요소를 최소화해야 한다. 동료들의 피해사례에도 관심을 갖고, 관련한 사내교육에도 적극적으로 참여하는 것이 필요하다. 무엇보다 고객과 계약할 당시 보험사기 사례로 유용될 수 있는 부분에 대해서는 철저히 안전장치를 마련해둔 후 계약을 진행해야 한다.

신뢰와 공감을 바탕으로 한
설득하는 말하기

'말은 곧 그 사람 자신'이라고 했다. 말을 들어보면 그 사람의 됨됨이를 알 수 있고 말씨를 보면 그 사람의 품성을 알 수 있기 때문이다. 그런데 이 말은 스피치 학원에서 화술 강사에게 배운다고 달라지는 것이 아니라고 생각한다. 직업 상 대중들 앞에서 말을 해야 하는 사람들은 그런 화술을 배워야겠지만, 한 사람 한 사람을 진심으로 대하면서 설득해야 한다면 말하기 기술은 그다지 중요하지 않다.

영업일을 막 시작했을 때만 해도 어떻게 하면 설득하는 말하기를 잘할 수 있을까에 대해서 고민했었다. 언변에 능한 선배들의 노하우를 배우려고도 애썼다. 그런데 일을 하면 할수록 단순히 언변이 좋다고 영업을 잘할 수 있는 건 아니라는 걸 깨닫게 되었다. 물론 말을 잘

하는 영업자가 그렇지 않은 영업자보다 초기의 실적이 나을 수는 있다. 하지만 15년쯤 일을 하다 보니 매끄러운 화술보다는 신뢰와 공감을 바탕으로 한 진솔한 언행이야말로 영업자들에게 더 큰 무기가 된다는 것을 알게 되었다.

설득의 기술보다
진솔한 언행이 더 중요하다

얼마 전 한 고객이 내게 연락을 해왔다. "내 동생이 자동차보험 갱신한다기에 이석원 씨한테 들라고 했어요. 하여간 나는 누가 옆에서 보험 필요하다고 하면 무조건 이석원 씨한테 가입하라고 한다니까. 하하하."

그 사장님이 내게 소개해준 지인은 꽤 많다. 인근 식당 사장님을 비롯해서 동창생들, 가족까지 자신의 주변인들 중에 보험이 필요하다는 사람이 있으면 주저 없이 나를 소개해주시는 것 같아 늘 감사한 마음을 갖고 있다. 이런 고객들은 나에게 더없이 든든한 조력자이자 더 열심히 일해야겠다는 동기부여를 해주는 멘토와도 같다. 그들은 나를 단순히 보험을 파는 영업자라고 생각하지 않는다. 나 역시 이미 계약한 고객이라고 생각해 소홀히 대하지 않는다.

고객이 나의 조력자가 되기까지 나는 어떤 노력을 해왔을까 곰곰이 되짚어보면, 비결은 별다른 게 아니었다. 진솔하게 제안하고 사후 관리를 성심껏 하면서, 언행일치를 지키기 위해 노력해온 것이 전부다. 그래서 나는 최고의 설득 기술은 화술에 있다고 생각하지 않는다.

보험 전문가로서 확실한 지식을 갖고 고객에게 도움이 되는 정보를 쉽게 전달하면서, 진실하고 솔직하게 다가가는 게 최고의 기술이라고 자부한다. 아울러 계약 당시 고객의 위험관리자로서 최선을 다하겠다고 약속한 것을 지켜나가면 되는 것이다. '끝이, 끝은 아니다'라는 말이 있다. 보험은 계약이 끝이 아니다. 그때부터 고객과의 약속이 시작되는 것이다.

내가 얻고 싶은 답을 고객 스스로 말하게 하라

고객을 만나 상담을 하다 보면 고객의 생각과 욕구를 제대로 듣는 것만큼 중요한 것도 없다는 생각이 든다. 처음에는 나도 경험이 없어서 현재 고객이 어떤 상황에 있고 보험에 대한 니즈가 어느 정도인지 파악하지 못한 채, 보험의 필요성에 대해서만 강조했었다. 그것은 내 입장에서 하고 싶은 말을 한 것에 불과하다. 고객의 반응은 당연히 시큰둥할 수밖에 없다.

그러면서 내가 깨닫게 된 것은 먼저 고객의 이야기를 들어야 한다는 것이었다. 영업자가 자신의 생각을 조리 있게 펼쳐놓는 것보다 고객이 원하는 게 뭔지를 귀담아 듣고 공감해주는 게 대화의 몰입도를 높이고 계약률도 높이는 방법임을 몸소 체험했다. 하지만 모든 고객이 나에게 자신의 이야기를 허심탄회하게 들려주지는 않는다. 이때 질문만큼 유용한 대화 유도법은 없다. 고객의 욕구는 질문으로 파악하는 게 가장 좋다.

질문은 상대방에게 관심을 표현하는 것이기 때문에 좋은 인상을 준다. 자신의 입장만 주장하는 게 아니라 상대방의 입장은 어떤지 살펴보고 귀담아 듣겠다는 자세를 보여주는 것이라서 우호적인 분위기를 만들어나갈 수 있다. 하지만 제대로 된 답변을 원한다면 질문도 잘해야 한다. 가능한 긍정적인 질문을 하는 게 좋다.

"그건 잘못 생각하시는 거예요. 다시 한 번 생각해보시는 게 어떠세요?"라는 식의 상대가 부정적으로 느낄 만한 표현은 사용하지 않는 게 좋다. 그러면 오히려 반감을 갖게 되고 그 여운도 꽤 길다. 상대의 의견을 경청하고 존중한다는 느낌을 주는 질문을 해야 한다. 아래의 사례를 보면 질문의 뉘앙스에 따라 대화의 분위기가 달라진다는 것을 알 수 있을 것이다.

고객 : 다른 보험회사와 비교해서 보험료가 비싸네요.

나 : 네, 그렇죠. 저희는 다른 회사보다는 비싼 편이긴 합니다.

고객 : 실손보험 혜택이야 다 거기서 거기일 텐데….

나 : 그건 고객님이 잘 모르셔서 하는 말씀이고요, 저희는 100세까지 폭넓게 보장해주고, 진단비까지 통합해서 드리고 있습니다.

고객 : 딴 데도 다 그런 거 아닌가요?

우리 회사 실손보험료는 다른 보험회사에 비해 다소 비싼 편이기 때문에 간혹 고객들로부터 보험료가 비싸다는 이야기를 듣는다. 그럴 때 위의 대화처럼 풀어나가면 상담은 보험료에서 더 진척되기가 어렵다. 하지만 아래와 같이 질문을 통해 고객의 관심과 공감을 끌어내면 상황은 조금 달라진다.

고객 : 다른 보험회사와 비교해서 보험료가 비싸네요.

나 : 네, 고객님 저희 보험료가 타회사보다 다소 비싼 편이죠?

고객 : 뭐 다른 혜택 같은 게 있나요?

나 : 네, 그럼요. 차별점 없이 보험료를 더 비싸게 책정해놓을 이유가 없지요. 자세히 좀 설명해드릴까요?

고객 : 네, 혹시 진단비 같은 걸 더 많이 주나요?

이렇게 질문은 대화를 부드럽게 이어나가게 하는 윤활유 같은 역할을 한다. 특히 말하기 힘든 내용일수록 질문을 통해 실마리를 풀어나갈 수 있다. 뿐만 아니라 질문은 모든 상황에서 내가 얻고자 하는 답을 고객이 스스로 이야기하게 만든다. 그러므로 고객과 본격적인 대화를 하기 전에 질문으로 고객의 상황과 니즈를 먼저 파악하는 게 중요하다. 상호 공감이 이루어지면 대화는 좀더 진솔해지고 구체적으로 전개해나갈 수 있다.

믿음직한 첫인상을 심어주는
스타일 만들기

군복을 입으면 배가 고프고, 트레이닝복을 입으면 눕고 싶고, 한복을 입으면 나도 모르게 공손해지는 법이다. 즉 옷에 따라 마음가짐과 기분이 달라진다는 말이다. 보험영업자가 된 후 15년 동안 나는 날마다 슈트 차림으로 집을 나섰다. 한여름에도 긴팔 와이셔츠만 고집했다. 이상하게 긴팔 와이셔츠에 슈트를 입으면 마음가짐부터 달라지기 때문이다.

영업하는 사람은 언제 어디서나 고객을 만날 수 있다는 마음가짐을 갖고 늘 준비를 하고 있어야 한다. 신입 때에는 갈 데도 없고 오라는 데도 없는데 그것은 언제 누가 나를 찾을지 알 수 없다는 의미이기도 하다. 따라서 전쟁에 나서는 5분 대기조처럼 항상 미팅 준비를 하고 있어야 한다. 나와 만나는 모든 사람이 잠재고객이라는 생각으로 항상 깔끔한 옷차림과 예의바른 태도를 갖추어야 한다. 아직 보험 영업자로서의 프로페셔널을 갖추지 못한 신입 영업자라면 복장부터 프로처럼 갖추라고 말하고 싶다.

첫인상이 주는 '초두효과'가 중요하다

일도 사람도 첫 만남, 첫인상이 중요하다. 개척을 하든 지인의 소개를 받든 간에 잠재고객을 만날 수 있는 기회는 흔치 않다. 당장 계약을 하지 않더라도 나를 만나 좋은 첫인상을 갖게 된 고객은 나중에 보험의 니즈가 생기거나 주변에 보험 가입을 하려는 사람이 있으면 나를 가장 먼저 떠올릴 확률이 높다. 그만큼 첫인상은 일과 관계 등 많은 경우에서 성공적인 결과를 이끌어낼 수 있다.

이는 '초두효과' 때문이라고 한다. 우리 뇌는 맨 처음 얻은 정보를 그 다음에 얻은 정보보다 더 잘 기억하기 때문에 첫인상이 어떠냐에 따라서 그 사람에 대한 전체적인 느낌과 신뢰도가 달라진다는 것이다. 영업인들의 경우 이 초두효과를 잘 활용하면 그 어떤 영업스킬로 얻은 결과보다 더 좋은 효과를 제대로 누릴 수 있다.

그렇다면 좋은 첫인상을 심어주기 위해서는 어떻게 해야 할까? 슈트를 근사하게 차려 입고 깨끗하게 닦은 구두를 신는 것도 한 가지 방법이기는 하다. 하지만 이것은 기본적인 사항이고, 그보다 더 중요한 것은 따로 있다. 바로 미소 짓는 표정이다. 웃는 얼굴로 나를 반갑게 맞아주는 사람에게는 누구나 마음의 문을 열게 된다. 과하게 억지 웃음을 지으라는 말이 아니다.

오늘 나를 만나기 위해 바쁜 시간을 내준 고객에게 좋은 기분을 전달하는 것은 고객에게 보험에 관한 좋은 정보를 주는 것만큼이나 영업자들에게 중요한 일이다. 성공한 사람들의 얼굴에는 늘 미소가 끊이지 않는다.

보험 개척을 다니면서 가게 사장님들을 만나보면 절감하게 된다. 손님이 없는 가게에 가면 늘 얼굴을 찌푸리고 뭔가 못마땅한 표정의 사장님이 있다. 하지만 장사가 잘 되는 곳에 들어서면 사장님의 표정부터가 온화하다. 그런 사장님을 만나면 한 번이라도 더 찾아가고 싶어진다.

주변 사람들에게서 "어디 아파?" "왜 그렇게 화난 표정이야" "혹시 무슨 일 있어?" 이런 말을 자주 듣는다면 거울 앞에 서서 자기 얼굴을 들여다보자. 그런 후 미소 짓는 연습을 해보자. 미소 짓는 표정이 자연스럽지 않다면 그만큼 평소에 굳은 표정으로 다닌다는 것을 의미한다. 환하게 웃으며 늘 긍정적인 생각으로 일하는 영업자에게 고객들도 호감과 믿음을 갖게 마련이다.

겉치레가 아닌 편안함과 신뢰를 주는
나만의 스타일 찾기

2013년 보험영업을 시작한 후 10년차가 될 무렵 사내 MBA를 졸업했다. 전국의 프로 영업자들이 모여 성균관대학교에서 3개월 동안 교육을 받았다. 그때 나는 그들이 가진 영업자로서의 자세뿐 아니라 분위기도 유심히 살펴봤다. 특히 호감이 가는 이들이 있었는데 그들은 대개 편안하고 자연스러운 복장을 하고 있었지만 뭔가 갖춰 입은 것 같은 느낌을 풍겼다. 그리고 완벽한 슈트 차림이 아니었지만 늘 준비된 영업자 같은 분위기를 자아냈다.

그 당시에는 나도 보험 전문가로서 자질과 지식을 갖추었을 때였고 복장에 대해서도 나만의 슈트 공식이 있다고 생각했다. 하지만 그들을 보면서 슈트 차림만 고집하지 말고 조금은 편한 차림을 해도 전문가로 보이는 데 문제가 없겠다는 판단이 섰다. 그래서 요즘은 젊고 트렌디한 세미 정장을 고수하고 있다.

간혹 보험영업인들 중에 과한 겉치레로 오히려 반감을 사는 이들도 있다. 잘나가는 영업자의 인상을 심어주기 위해 명품만 고집하면서 펜 하나까지도 신경 쓰는 이들이 있는데 스타일에만 너무 신경 쓰면 되레 부정적인 인상을 심어줄 수도 있다.

나는 영업자로서 가장 좋은 스타일링은 겉치레가 아닌 편안함과 신뢰를 주는 것이라고 생각한다. 단정하고, 과하지 않은 옷차림과 환

한 미소, 고객의 사소한 부탁도 기억해서 피드백해주는 성실함이야
말로 최고의 스타일이 아닐까.

더 나은 미래를 꿈꾸게 하는
나만의 멘토 찾기

모든 일들이 그렇지만 보험영업만큼 매순간 스스로를 다잡아야 하는 일도 없다. 조직의 비전과 역량도 중요하지만, 나만의 비전이 구체적이고 분명해야 성과의 기복이 있어도 포기하지 않고 새로운 돌파구를 찾아나갈 수 있기 때문이다. 그리고 또 한 가지 중요한 것은 바로 정신적, 업무적으로 힘이 되어주는 멘토가 있어야 한다는 점이다.

　나에게 정신적인 힘의 원천이 가족이라면 업무력의 원천은 선배님들이다. 그분들이 없었다면 지금의 자리에 오기까지 더 많은 시간이 걸렸을 것이다. 나의 첫 멘토는 신입시절 '선배와의 대화'에서 강의를 하셨던 이동우 팀장님이다. 내가 신인이던 시절, 이동우 팀장님은 1,500만 원의 월급을 받고 있었다. 나에게 그는 신적인 존재로 보였고 존경의 대상이었다. 팀장님의 강의를 다 듣고 나서 마음속으로 '저 사람을 나의 멘토로 삼아야겠다'고 마음먹었다.

보험맨이 가져야 할 신념과 태도를 배우다

멘토는 '지혜와 신뢰로 나의 인생을 이끌어주는 리더'를 의미한다. 나와 같은 일을 하는 선배로서 경험이 풍부하며 나의 잠재력을 인정해주고 더 나은 비전을 가질 수 있도록 도움과 조언을 해줄 수 있는 사람이다. 그러므로 멘토는 나의 성장에 더없이 소중한 존재다.

나는 마음속으로 이동우 팀장님을 나의 멘토로 삼았고, 그를 보다 더 가까이 할 수 있는 기회를 갖기 위해 이 팀장님이 속해 있는 사내 애니카축구단에도 들어갔다. 동아리 활동을 함께 하다 보면 대화도 하고 회식을 함께할 기회가 많기 때문이다. 가까이에서 직접 그분을 접하며 인간적인 부분부터 삶의 태도, 일에 대한 모든 것까지 다 배우고 싶었다.

나는 한 번이라도 더 만나서 그분이 어떻게 영업을 하고 있는지 어떤 태도와 신념으로 일하고 있는지 어깨너머로나마 배우기 위해 애썼다. 심지어 그분의 말투와 제스처까지 따라했다. 이 팀장님이 축구단 회장을 맡았을 때 나는 총무를 하면서 조금이라도 더 가까이서 배울 기회를 만들어나갔다. 그런 과정을 통해 나는 서서히 보험영업자로서의 전문성을 갖추며 변신하기 시작했다.

신입시절에는 이처럼 나만의 멘토를 두는 게 무척 중요하다. 내가 생각하는 보험영업자로서의 이상적인 모습을 갖추고 있는 분을 롤모델로 삼아 그대로 따라하다 보면 나 역시 점차 그의 생각과 신념을 체화해서 일정 부분 닮아가게 된다. 그리고 힘든 일이 있거나 중요한 결정을 해야 할 때 조언을 구할 멘토가 있다는 건 더없이 든든한 버팀목이 되어줄 것이다.

고객마다의 스토리를 만들어내는 공감의 화술을 배우다

나의 두 번째 멘토는 도미숙 팀장님이다. 그녀 또한 내게는 신 같은 존재였다. 보험 일을 일찍 시작한 도 팀장님은 경력 또한 나보다 훨씬 많고, 월 3,000만 원 이상의 소득을 올리며 늘 정상의 자리를 지키고 있는 최고의 영업자다.

도 팀장님은 배울 점이 많은 멘토이기도 하지만 내가 뛰어넘어야 할 산과도 같은 존재였다. 2011년, 나는 도 팀장님을 한번 이겨보자는 각오를 다졌다. 그러고는 팀장님의 경쟁력과 장점을 하나하나 분석해나갔다. 팀장님의 가장 큰 경쟁력은 상담스킬, 그중에서도 화법이었다. 같은 이야기를 해도 그녀가 하면 기분이 좋고 설득력도 강했다. 뿐만 아니라 똑같은 이야기도 매번 다른 방식으로 색다르게 할 줄 아는 타고난 능력을 갖고 있었다.

가까이에서 팀장님을 지켜보면 끊임없이 변화하기 위해 그 누구보다 노력하고 있음을 알 수 있었다. 특히 고객 한 사람 한 사람에 맞는 스토리를 만들어내고, 또 다른 고객을 소개받기 위한 연결고리를 만들어내는 데 남다른 공을 들였다. 그것은 탁월한 공감력을 바탕으로 한 화술이다. 그저 말을 잘하는 달변가가 할 수 있는 스킬이 아니었다.

나는 2012년, 2013년 두 해에 걸쳐 그녀를 넘어서고자 목표를 높이 세우고 더 부지런히 일했지만 결국 그 산을 넘지는 못했다. 그러다가 각고의 노력 끝에 2014년에 처음으로 해냈다. 당시 나는 전국에서 15등, 그녀는 19등을 했다. '청출어람'이라면서 늘 나를 격려해주는 도 팀장님은 나의 멘토이자 경쟁자이자 누나와도 같은 존재다. 이런 멘토가 곁에 있다는 걸 늘 감사하게 생각한다.

부지런함의 미덕을 배우다

예나 지금이나 멘토로 삼고 있는 분은 바로 우미라 선배님이다. 삼성화재에서 14년 연속 전체 1등, 즉 보험왕을 차지한 영업자로 이름 세

글자만으로 보험계의 지존으로 통하는 분이다. 나는 그녀의 업무방식이 궁금해서 직접 지점으로 찾아가 만났고, 주변 사람들에게 그녀만의 영업 비결에 대해 물어보기도 했다.

친근하고 수수한 외모의 우미라 선배님은 '부지런함'이라는 최강의 무기를 갖고 있었다. 새벽부터 밤 12시~1시까지 하루에 100킬로미터 이상 운전을 하면서 평균 30~40명의 고객을 만난다고 했다. 어떻게 그렇게 많은 고객을 하루에 만날 수 있을까 신기했지만, 그보다는 만날 고객이 그렇게 많다는 것도 놀라운 일이었다. 만남은 새로운 기회를 무궁무진하게 창출하는 것이기 때문이다.

우미라 팀장님은 고객이 원하는 것은 무엇이든 성심껏 듣고 최선을 다하기 때문에 고객들도 어려움에 처하면 가장 먼저 그녀를 찾을 정도로 고객과의 파트너십이 확고하다. 당연히 업무량과 스케줄이 보통의 보험영업자보다 몇 배는 많다. 그래서 그녀는 자신이 현장업무를 도맡아서 하는 동안 사무실 업무는 3명의 직원이 맡아서 하는 식으로 시스템을 만들어 진두지휘하고 있었다. 고객이 많아질수록 사건사고가 많아지고 처리해야 할 업무량도 많은데 어떻게 그 많은 고객들의 요구사항을 하나도 놓치지 않고 최선을 다해 수행하는지 감탄이 절로 나오는 분이다. 그 비결은 다름 아닌 남들보다 일찍 일어나 더 늦게까지 일하는 부지런함에 있었다.

보험영업일을 시작하면서 알게 된 멘토들을 통해 나는 늘 새로운 에너지를 얻고 있다. 어려움이 닥치고 위기에 처했을 때, 그리고 조금

지쳐서 현실에 안주하고 싶은 마음이 들 때면 그들의 열정과 도전정신을 떠올린다.

지금도 나는 늘 주변의 영업자들이 가진 장점을 배우기 위해 애쓴다. 각 상품별로 탁월한 능력을 발휘하는 분들이 너무나 많다. 그들로부터 고객관리법을 배우고 새로운 영감을 얻다 보면 긴장의 끈을 늦출 수가 없다. 때로는 타산지석으로 삼아 경계해야 할 것을 배울 수도 있다. 주변에 멘토로 삼을 만한 선배나 동료들이 있다면 주저하지 말고 적극적으로 관계 맺기를 하라고 권하고 싶다.

내 삶의 원동력,
가족에게
자랑스러운 가장 되기

가족이란 매일 아침저녁 얼굴을 보는 것만으로도 힘이 되는 존재다. 특히 아이들은 내게는 열정이 샘솟게 하는 원천이다. 나는 아침마다 "아빠 오늘 열심히 하고 올게"라고 아이들에게 속삭이며 약속한다. 나 자신과의 약속보다 더 잘 지켜야 하는 약속이다. 하루 목표를 다 이룬 날이면 아이들 앞에서 더 당당하고 더 뿌듯해진다. 나 스스로에게 대견스럽기도 하다.

어떤 직종, 어떤 직업을 막론하고 일을 하며 사회생활을 하다 보면 여러 가지 어려움에 부닥치게 된다. 그때 일이 주는 힘겨움보다는 사람이 주는 힘겨움이나 상처가 훨씬 더 크다. 특히 나처럼 영업을 하는 사람이라면, 더욱 그러하다. 그럴 때도 역시 가족을 생각하면 일이

나 사람에게서 받은 상처들이 치유되고, 다시 힘을 불끈 내어 현장으로 나갈 수 있게 된다.

내 삶의 원동력, 가족과의 약속

영업을 하는 동안에도 아내와 아이들이 보고 있다는 생각을 하면 긴장을 늦출 수 없다. 내 가족이 내가 일하는 마음가짐을, 고객을 대하는 내 태도와 열정을 다 지켜보리라 생각하면 더욱 정신을 차리게 된다. 가족에게 부끄럽지 않은 당당한 아빠, 당당한 남편이고 싶은 것이다.

결혼하고 아이들이 태어나면서 내 보험영업 인생은 날개를 달았다. 결혼 직후 나는 목표를 높여서 잡았고 달성했다. 첫째 아이가 태어나자 또 목표를 상승시켰고 어김없이 달성했다. 둘째 아이가 태어날 때에는 5W를 시작해 남자 영업자 중 전사 1위를 해냈다. 이처럼 아이들이 커갈수록 의욕도 목표도 매출도 함께 커졌다.

동시에 심적인 부담도 같이 커졌다. 아직은 아이들이 어리지만 아이들이 클수록 아빠의 모습을 더 정확하게 보게 될 것이다. 나는 아이들에게 모범이 되고 싶다. 내 아이들에게 성실하고 정직하게 사는 사람으로 보여지기를 원한다. 그리고 노력하면 더 잘 살수 있다는 진리를 몸소 보여주는 표본이 되기를 바란다.

어렸을 때 가정형편이 좋지 않아 방학 때면 큰집에 가서 살아야 했는데, 솔직히 서러웠다. 눈칫밥도 먹어보았다. 그런 경험을 해봤기에 내 아이에게는 절대 그런 아픔을 주고 싶지 않다.

풍요로운 삶을 살게 해주지는 못해도 절대 배고프고 눈치 보는 경험을 하게 하지는 않을 것이다. 사실 나는 아이들과 떨어져 사는 건 있을 수 없는 일이라고 생각한다. 뭐니 뭐니 해도 가족끼리는 함께 살아야 한다는 것이 내 가치관이다. 그래서 나중에 아이들이 유학을 간다고 하면 따라갈 작정이다.

아이들이 웃음을 주고 힘을 주는 존재라면, '어머니'라는 세 글자는 떠올리기만 해도 눈물이 나는 존재다. 어머니를 생각하면 지금도 마음이 아려온다. 여태껏 고생만 하신 어머니. 무려 30년이 넘는 세월 동안 치킨가게, 칼국수집, 부대찌개집, 건강원 등 가리지 않고 일을 해오셨다. 말이 그렇지 결코 쉽지 않은 일들로 자신의 인생을 희생해 오신 분이다. 그런 어머니이기에 어머니께 잘해드리지 못한 것에 대한 후회와 반성은 늘 나를 채찍질한다. 그리고 더 열심히 살아야겠다는 각오를 매순간 다지게 한다.

나는 어머니께 뭘 더 해드릴 수 없을까 늘 생각한다. 그러나 물질적인 것으로 드리는 선물보다 더 큰 것은 열심히 사는 내 모습을 보여드리는 것이라 생각한다. 열심을 다하는 삶이 최선이라는 믿음으로 최선을 다해 일하는 모습을 보여드리기로 했다. 그리고 일주일에 한 번씩 어머니를 찾아뵙는다. 아이들을 데리고 가서 온 가족이 모여 얼굴을 보고 하루 자고 오는 게 이제는 어머니에게도 내게도 큰 즐거움이자 위안이다.

가족을 소중히 해야
정직한 삶을 살 수 있다

다른 영업자들에게도 그렇듯 내게도 가장 큰 힘이 되는 존재가 가족이다. 돈을 벌어야 하는 이유이자 내가 매달 매주 목표를 세우는 이유다. 나는 후배 영업자들에게 늘 당부한다. 일하는 매순간 내 가족이 나를 보고 있다는 생각으로 임하면 정직하지 않을 수 없고 성실하지 않을 수 없다고 말이다. 그리고 가족의 성장단계마다 그만큼 나를 성장시킨다는 생각으로 목표와 약속을 잡고 내가 가족들에게 모범이 되겠다는 마음을 먹으면 그 어떤 목표라도 반드시 해내게 된다고 말이다.

우리가 이토록 열심히 일을 하는 이유는 자아 충족이라는 것도 있지만, 사실 가족 때문이 더 크다. 사랑하는 가족을 위해 일을 하고, 그들을 생각하며 힘을 얻는다. 어머니, 아내, 아이들 얼굴을 떠올리면 그저 돈벌이의 수단으로 일을 대하지 않게 된다.

내가 하는 일이 우리 사회에 어떤 영향을 미치는지에 대해서까지 생각하게 되는 것이다. 내가 하는 일이 내 아이의 미래를 위해 도움이 되는 일인가? 이 일을 하는 아빠를 아이가 자랑스러워할 것인가? 이 일을 통해 나는 가족 앞에서 자부심을 느끼고, 더 당당한 사람으로 설 것인가? 나는 매일 이런 질문을 스스로에게 하며 일을 한다. 그리고 그것이 매순간 나를 더 좋은 사람으로, 더 좋은 영업자로 거듭나게 한다.

나누고 베풀면서
새로운 기회 만들기

우리 집은 대대로 천주교 신자 집안이다. 그래서 나는 어머니 뱃속에 있을 때부터 성당에 다닌 일명 모태신앙이다. 학창시절엔 집안 형편이 여의치 않았음에도 불구하고 늘 청년회 활동을 했고 봉사활동도 자주 했다. 그래서인지 내게는 나눔이나 봉사란 것이 특별한 활동이 아니라 늘 하던 일처럼 몸에 배어 있다.

2009년 무렵이었던가? 중학교 선배 한 명이 내게 그만 하면 보험 영업자로 자리를 잡은 것 같다며, 이제부터는 어려운 사람들과 좀 나누는 게 어떻겠느냐고 권해왔다.

나는 그 선배의 권유로 국제봉사단체인 로터리클럽에 가입했다. 로터리클럽은 노력봉사, 기부봉사, 직업봉사 등 다양한 봉사활동을

할 수 있는 단체다. 나는 이곳에서 봉사위원장을 맡아 지금까지 함께
하고 있다.

나눌수록 기회는 늘어나고, 나눌수록 행복은 커진다

예전에 배고픈 가난과 가족과 떨어져 사는 외로움을 경험해본 나는
혼자 살면서 당장 먹을 것이 없고 난방을 걱정해야 하는 독거노인들
에게 실질적이고 현실적인 도움을 주는 봉사를 하고 싶었다. 그래서
수원시에서 낙후된 지역의 주민센터 복지과를 찾아가 형편이 어려운
독거노인들 주소를 알려달라고 요청했고 그중 다섯 분의 주소를 알
게 되었다.

그 후 지금까지 지속적으로 그분들을 찾아뵙고 청소도 해드리고 목
욕도 해드린다. 그뿐 아니라 치아가 안 좋으실 때면 로터리클럽에 함
께 속해 있는 치과의사선생님을 모시고 가서 치료해드리기도 한다.

그분들을 찾아뵈면서 알게 된 장애인 한 분이 결혼을 해서 아기를
낳았는데, 안타깝게도 아내분이 어느 날 갑자기 집을 떠나고 장애인
아빠가 혼자 아이를 키우고 있었다. 그분이 우리를 찾아와 이혼을 해
야 하는데 법률적인 절차를 좀 알려줄 수 있느냐고 부탁한 적이 있
다. 이런 때에는 클럽에 속해 있는 변호사 분께 연락해 법률적인 도

움을 주십사 요청한다.

얼마 전에는 클럽 회원 여러 명이 영통복지단체에서 주관하는 복지행사 도우미로 나서기도 했고 장애인 체육대회 행사 도우미로 참가하기도 했다. 로터리클럽의 회원이 되면 봉사활동을 하는 것뿐만 아니라 매달 회비를 낸다. 이 회비의 일부는 전 세계 소아마비 박멸에도 쓰이고 문맹 퇴치에 쓰이고 우물 파기 사업에도 쓰이는 등 문명의 혜택을 보지 못하는 지역의 좀더 나은 생활을 위해 쓰인다. 회비의 일부는 지역의 중고등학생 장학금으로 전달한다.

불우했던 어린 시절은 이제 내게 아픔이 아니라 힘이 되어준다. 돈이 없어서 물로 배를 채워본 나는 배고픈 사람의 심경을 잘 안다. 그래서 경제적으로 살 만한 지금 배고픈 사람을 돕고 싶다. 지금은 미약하다. 그래서 단체에 속해서 내가 할 수 있는 만큼 하고 있다.

나는 나눔이라고 해서 그걸 대단한 것으로 여기지 않는다. 조금 더 여유 있는 사람이 더 힘든 사람과 무언가를 나눈다는 건 사실 너무나 당연한 일이다. 우리가 돈을 벌고 성공을 꿈꾸는 것은, 개인적인 영달을 위해서가 아니다. 그것은 우리 모두가 함께 잘 사는 사회를 만들자는 데 그 근원이 있다.

나만 잘 살고 나만 행복한 사회는 미래가 없다. 우리 모두가 잘 살고 우리 모두가 행복한 사회여야만 그 행복은 의미가 있다고 생각한다. 나눔은 어쩌면 공존공생의 다른 이름이며 내가 행복한 세상을 만들기 위한 작은 실천일 뿐이다.

성공하는
보험영업자가 되기 위해
지켜야 할 10계명

제1계명

**어떤 일이 있어도
출근을 거르면 안 된다**

영업자들 중에는 사무실로 출근하지 않고 바로 영업장으로 나가는 경우가 종종 있다. 부득이한 사정으로 현장 출근을 할 수는 있다. 하지만 습관적으로 사무실 출근을 하지 않게 되면 긴장이 풀어질 수 있고, 다른 팀원들에게도 좋지 않은 영향을 미칠 수 있다.

제2계명

**구체적인 목표를
눈에 띄는 여러 곳에 붙여놓아라**

그달의 목표를 세우고 나면 그 내용을 출력해서 눈에 잘 띄는 곳에 붙여놓자. 사무실, 집, 자동차 등 언제 어디서나 목표를 상기시킬 수 있도록 여러 곳에 붙여놓는 게 좋다. 일이 잘 풀리지 않을 때 혹은 느슨한 마음이 들 때 그 목표치를 보게 되면 다시 긴장감이 생길 것이다.

제3계명

지인영업과 개척영업, 어느 한쪽에만 치우쳐서는 안 된다

영업을 막 시작하면 누구나 지인들에게 도움을 청하고 그들에게 매달리게 된다. 그러나 실제 나의 고객은 다른 곳에 있을 가능성이 높다. 그들에게만 집중하면 개척의 기회가 상대적으로 적어지고 영업의 다양성을 꾀할 수도 없다. 지인영업과 개척영업의 비중은 늘 적절한 비율로 유지해야 한계에 부딪치지 않을 수 있다.

제4계명
나도 보험사기를 당할 수 있다는 마음으로 늘 경계해야 한다

보험사기가 갈수록 지능화, 조직화되고 있기 때문에 영업자들도 조심해야 한다. 고객들 중에 영업자를 보험사기에 연루시키는 경우도 있으므로 민감한 내용에 대해서는 사전에 철저히 안전장치를 마련해두고 계약을 진행해야 한다.

제5계명

공감보다
훌륭한 화술은 없다

보험영업을 할 때 언변에 능하면 유리한 것은 사실이다. 하지만 길게 봤을 때 화술보다 더 중요한 것은 공감의 태도다. 영업자 자신의 입장보다는 고객의 상황을 잘 이해하고 그들이 원하는 것을 정확히 파악해 도움을 주어야 신뢰를 얻을 수 있다. 그러기 위해서는 공감의 능력을 키워야 한다.

제6계명

질문으로
고객의 욕구를 읽어라

보험에 대한 니즈가 약하고 스스로 여건이 안 된다고 생각하는 고객에게 가입을 권유하는 것은 쉽지 않다. 이럴 때는 무턱대고 보험을 권하지 말고 고객의 욕구부터 읽고 관심을 이끌어내야 한다. 그러기 위해서 질문하기만큼 좋은 방법은 없다. 질문으로 고객의 욕구를 읽고 호감을 표시하라.

제7계명

첫인상,
초두효과를 노려라

영업자들에게 호감 가는 첫인상은 그 무엇보다 중요한 영업 수단이다. 사람은 누구나 가장 먼저 본 것을 오래 기억한다. 그러므로 좋은 첫인상을 심어주는 데 각별히 신경 써야 한다. 단 한 번의 만남으로 수많은 기회를 만들 수도, 없앨 수도 있다.

제8계명

멘토로 삼을 만한 이와
친분을 맺고 조언을 구하라

멘토는 일과 인생 전반을 더 나은 방향으로 이끌어준다. 주변에 본받고 싶고, 조언을 구하고 싶은 멘토가 있다면 적극적으로 관계를 맺어라. 성공한 사람들은 저마다의 필살기가 있게 마련이다. 그들에게 배우는 것만큼 생생한 가르침은 없다.

제9계명

목표 달성시
스스로에게 보상하라

나는 목표를 달성할 때마다 스스로에게 보상을 하는데 그것은 새로운 동기부여가 된다. 타고 싶은 자동차를 사기도 하고 매년 초, 첫째 주 주말에 2박 3일 동안 혼자 버스나 기차를 타고 여행을 가기도 한다. 전국에 있는 친지나 친구를 찾아다니며 오랜만에 안부를 묻고 돌아오는 길에는 생각을 정리하고 새해 계획도 세운다.

제10계명
✓ **나눌수록 겸손해지고
새로운 기회가 온다**

어린 시절 가난과 외로움을 경험해본 나는 생활이 안정되면 독거노인의 생활 돕기 등 실질적인 봉사활동을 하리라 다짐했었다. 그래서 타인을 도와줄 경제력을 갖게 된 지금 그 생각을 실천에 옮기고 있다. 그런데 나눌수록 내 인생에 기쁨이 커지고 더 좋은 기회가 찾아왔다. 보험은 사람에 의한 사람을 위한 것임을 절감할 수 있다.

나눔의 의미를 알고 즐기는
보험왕을 꿈꾸다

내게는 보험영업자로서의 소박한 꿈이 있다. 내가 일을 하는 동안에
는 모든 고객에게 집사 같은 존재가 되고 싶다는 것이 그 꿈이다. 내
전화번호가 뜨면 고객들이 귀찮아하지 않고 반가워했으면 좋겠다.
그리고 그들에게 무슨 일이 생겼을 때 가장 먼저 생각나는 사람이 나
였으면 좋겠다. 그래서 지금도 나는 고객들에게 자주 연락을 드리고
그들에게 어떤 사고나 위험이 발생했을 때 득달같이 달려가 팔을 걷
어붙이고 발로 뛰며 일을 한다.

　개인적으로는 1주일에 4일만 근무하는 삶을 소망한다. 금토일은
아이들과 함께 시간을 보낼 수 있도록 하고 싶다. 그리고 분기별로
가족여행을 하는 것이 나의 소박한 소망이다. 2019년 둘째 아이가
초등학교에 입학한 후부터는 1년에 한 번은 부모님과 해외여행을 가

려고 한다. 지금도 그 여행을 위해 매달 50만 원씩 저금하고 있다. 이렇게 세운 목표 또한 내가 더 열심히 일해야 하는 이유이기도 하다.

큰 아이가 스무 살이 될 때에는 전국 도보여행을 한 달 동안 하려고 한다. 그리고 둘째 딸이 스무 살이 되었을 때에는 캠핑카로 한 달 동안 전국 일주를 하려고 한다. 이런 계획들이 생에 활력을 주는 목표가 되고, 나를 살아 숨 쉬게 하고 앞으로 나아가게 하는 원동력이 된다.

또한 나는 사람들에게 인정받는 보험왕이 되고 싶다. 사람들에게 인정받기 위해서는 훌륭한 인성을 갖추어야 한다. 보험영업을 하는 분들 중에는 일을 시작한 지 얼마 되지 않아 그만두는 사람이 많다. 개인적으로 맞닥뜨리게 되는 각종 어려움을 극복하지 못해서이기도 하고, 또 더 이상 시장을 돌파하지 못해서이기도 하다. 나는 그들을 위해 보험영업 사관학교 혹은 보험영업 아카데미를 만들고 싶다.

보험으로 성공해보고 싶은 사람들을 위해 체계적인 교육시스템을 갖추고 선배들의 필드 노하우를 전수하면서 트레이닝을 시키는 것이다. 현재 보험회사들이 하고 있는 교육 프로그램보다 훨씬 더 실질적이고 밀착된 프로그램을 개발해내고 싶다. 사람마다 각기 다른 성격과 성향, 스타일을 분석해내 극복할 것은 극복하고 강화할 것은 강화해서 개성 넘치면서도 프로페셔널한 영업자를 만들어내고 싶다.

배를 곯아본 나는 가난의 서러움을 안다. 그래서 내가 겪었던 것처럼 어려운 삶을 사는 이들에게 도움을 주고 싶다. 하지만 나 혼자만의 힘으로는 부족하고 미약하다. 그래서 로터리클럽이라는 단체에 속해 어려운 사람들에게 힘이 되고자 봉사활동도 하고 있다.

학벌도 집안도 경제력도 보잘 것 없었고 가진 것이라곤 패기와 성실함뿐이었던 내가 지금처럼 고액연봉자가 되고 행복한 가정을 꾸리고 다른 사람과 이 여유와 행복을 나눌 수 있는 사람이 될 수 있었던 것은 전적으로 보험영업이라는 일 덕분이다. 예전의 나와 같은 상황에 처한 사람들이 보험영업을 통해서 더 큰 자기 자신을 만나고 경험하기를 바란다. 그들 또한 나눔의 기쁨을 맛보고 보험의 가치와 보험영업의 매력을 전파하기를 바란다.

그래서 보험 사관학교를 통해 연봉 1억 원 이상을 받는 100명의 영업자를 배출한 후 그들과 함께 장학재단을 만드는 것이 나의 궁극의 목표이자 꿈이다.

냇물은 흘러 강으로 가고, 강물은 쉼 없이 흐르고 흘러 언젠가 큰 바닷가에 닿는다. 매년, 매달 목표를 좀더 높게 잡고 지금처럼 하루하루 열심히 인생을 살다 보면 나는 언젠가 반드시 지금 내가 꿈꾸고 염원하는 그 꿈을 이룰 것이다.

나 혼자는 안 되겠지만 멤버를 꾸려서 장학재단을 만들고 싶다. 그게 내가 더 열심히 일을 해야 하는 이유다. 나는 오늘도 혼자서만 잘 사는 세상이 아닌 모두가 잘 사는, 모두가 조금 더 행복해지는 세상을 꿈꾼다.